解　码
新质生产力

刘军民————————主　编

周士跃　旷文斌
————————副主编
赵建民　王盛华

人民东方出版传媒
People's Oriental Publishing & Media

东方出版社
The Oriental Press

图书在版编目（CIP）数据

解码新质生产力 / 刘军民主编．
—北京：东方出版社，2024.8.
ISBN 978-7-5207-3997-9

Ⅰ．F120.2

中国国家版本馆 CIP 数据核字第 2024KU0421 号

解码新质生产力

（JIEMA XINZHI SHENGCHANLI）

主　　编：刘军民
责任编辑：孔祥丹
责任审校：张凌云
出　　版：东方出版社
发　　行：人民东方出版传媒有限公司
地　　址：北京市东城区朝阳门内大街 166 号
邮　　编：100010
印　　刷：北京市联华印刷厂
版　　次：2024 年 8 月第 1 版
印　　次：2024 年 8 月北京第 1 次印刷
开　　本：710 毫米 ×1000 毫米　1/16
印　　张：16
字　　数：160 千字
书　　号：ISBN 978-7-5207-3997-9
定　　价：68.00 元
发行电话：（010）85924663　85924644　85924641

目　录

第一章

揭开新质生产力的
神秘面纱

高质量发展是全面建设社会主义现代化国家的首要任务，实现高质量发展必须有新的生产力理论来指导。2023 年 9 月，习近平总书记在黑龙江考察期间提出"新质生产力"这一重要概念。2024 年 1 月 31 日，习近平总书记在主持二十届中共中央政治局第十一次集体学习时深刻指出："新质生产力是创新起主导作用，摆脱传统经济增长方式、生产力发展路径，具有高科技、高效能、高质量特征，符合新发展理念的先进生产力质态。它由技术革命性突破、生产要素创新性配置、产业深度转型升级而催生，以劳动者、劳动资料、劳动对象及其优化组合的跃升为基本内涵，以全要素生产率大幅提升为核心标志，特点是创新，关键在质优，本质是先进生产力。"① 习近平总书记关于新质生产力的重要论述，创新和发展了马克思主义生产力理论，是对新时代生产力发展规律的新跃升，是推进中国式现代化的重大理论创新。

① 习近平：《发展新质生产力是推动高质量发展的内在要求和重要着力点》，《求是》2024 年第 11 期。

一、寻根新质生产力的
　　理论之源

任何理论的产生与发展都有其深刻的理论渊源，深入理解习近平总书记关于新质生产力的重要论述，必须从理论的发展脉络探究其源流、理解其根基。生产力是马克思主义政治经济学的重要概念，"新质生产力"这一崭新概念是对马克思主义生产力理论的继承发展，并被赋予新的时代内涵，实现了马克思主义生产力理论中国化时代化新的飞跃。

（一）新质生产力继承了马克思、恩格斯的生产力理论

随着资本主义生产方式的兴起与发展，古典政治经济学家从财富增长的角度探寻了生产力概念及其形成。例如，威廉·配第提出了"土地为财富之母，而劳动则为财富之父和能动要素"的观点，亚当·斯密认为劳动生产力上最大的增进似乎是分工的结果。马克思在批判古典政治经济学基础上，在《1844 年经济学哲学手稿》《布鲁塞尔笔记》《曼彻斯特笔记》《德意志意识形态》等经典著作中，从不同角度和语境深度考察了生产力概念，逐步形成了马克思主义生产力理论，并以此为基础创立了历史唯物主义。

　　生产力是人们在生产实践中形成的改造自然和影响自然的能力，体现在劳动者运用劳动资料作用于劳动对象的过程中，反映了人与自然之间的关系。在马克思看来，生产力是由多种要素构成的，依赖于劳动者、劳动资料和劳动对象等生产要素，并且这些构成要素会随着经济社会演进而不断深化。具体来说，劳动者是生产力中最活跃的因素，是生产力中从事社会实践的主体；劳动资料是人们用以改变和影响劳动对象的物质资料，主要体现为生产工具；劳动对象是劳动过程中的一切对象。马克思还将生产力与科学技术联系起来，充分肯定了科学技术在生产力中的重要作用。学界一般认为经济学家熊彼特最早在其著作《经济发展理论》中将创新理论引入经济学分析框架。然而，熊彼特的创新理论却深受马克思的影响，他本人也认为，"这个对问题的新陈述同马克思的陈述更加接近……我的结构只包括他的研究领域的一小部分"[1]。虽然马克思没有明确提出"创新"这个概念，但是其科学技术进步思想是西方创新发展理论的重要基石。恩格斯在马克思的悼词中不仅高度评价了马克思对唯物史观与剩余价值的伟大发现，还特别指出马克思关于科学技术是生产力的重要思想。恩格斯指出："在马克思看来，科学是一种在历史上起推动作用的、革命的力量。"[2]《资本论》及其手稿中有大量详尽的技术史、技术经济和社会技术等资料，马克思运用历史唯物主义

---

① [美]约瑟夫·熊彼特：《经济发展理论：对于利润、资本、信贷、利息和经济周期的考察》，何畏、易家详等译，商务印书馆2011年版，第70页。
②《马克思恩格斯文集》第3卷，人民出版社2009年版，第602页。

方法，系统地对资本主义生产方式及其交换关系进行了剖析，对资本主义科学技术的历史、作用、影响、趋势与伦理等作了详尽的分析和研究，剖析了科学技术与社会发展、科学技术的应用与科技伦理之间的相互关系。马克思认为，"在这些生产力中也包括科学"①，科学技术是生产力的重要内容，科学是"观念的财富"②，是"对象化的知识力量"，即"直接的生产力"③，是"历史发展总过程的产物，它抽象地表现了这一发展总过程的精华"④，"自然科学是一切知识的基础"⑤。正因为科学技术的巨大力量，才使资产阶级在不到100年的时间里创造了过去无可比拟的生产力。而且，随着资本主义大工业的发展，"现实财富的创造……取决于科学的一般水平和技术进步，或者说取决于这种科学在生产上的应用"⑥。科学技术在社会发展中的重要作用不言而喻，科学技术不断推动着社会生产的发展。

马克思、恩格斯还深入考察了人们在物质生产过程中形成的相互关系即生产关系，并系统剖析了它们之间的辩证关系。生产力与生产关系的矛盾运动推动着社会的发展运动，生产力决定生产关系，有什么样的生产力就有什么样的生产关系，生产关系要适应生产力的发展变化，先进的生产关系推动着生产力的发展变化，落后的生

---

① 《马克思恩格斯文集》第8卷，人民出版社2009年版，第188页。
② 同上书，第170页。
③ 同上书，第198页。
④ 同上书，第538页。
⑤ 同上书，第358页。
⑥ 同上书，第195—196页。

产关系阻碍生产力的发展。资本主义社会中前期，资本主义生产关系适应了生产力的发展需要，科学技术的发展创造了巨大的生产力。例如，资本积累和资本集聚作为提高生产力的物质手段，为科技发展提供了动力和资金支持；教育和训练"使它获得一定劳动部门的技能和技巧"①，为科技发展提供技术支撑；社会分工的扩大，使资本家可以充分利用"整个社会分工制度的优点"②；信用制度、生产组织方式变革等，大大促进了资本对科学技术的开发和利用。同时以科学为代表的生产力的发展又促进生产关系的变革。"劳动生产力的发展也会对原资本或已经处于生产过程中的资本发生反作用。"③当生产力发展到一定程度，就会变革其原有的生产方式，推翻其最初的基础，建立新的适应自身发展需要的生产方式。资本家为创造相对剩余价值，也会主动"变革劳动过程的技术条件和社会条件"④，以适应社会生产力的发展需要。资本主义机器大生产适应了当时社会生产力的发展需要，推动着资本主义社会的进步，创造了巨大的生产力。然而随着生产力的发展，生产资料不断地集中、劳动社会化，资本主义社会化大生产与资本主义私有制之间不可调和的矛盾持续激化，经济危机频发，必须变革与生产力不相适应的生产关系。当代资本主义也在不断调整生产关系以适应生产力的发展过程中，维持资本

①《马克思恩格斯文集》第5卷，人民出版社2009年版，第200页。
②《马克思恩格斯文集》第7卷，人民出版社2009年版，第96页。
③《马克思恩格斯文集》第5卷，人民出版社2009年版，第698页。
④ 同上书，第366页。

当下的科技发展浪潮中，AI 是新质生产力的"牛鼻子"。图为浙江省宁波市北仑区生态环境监测 AI 智能实验室，移动机器人进行全自动化检测样品的转移　中新图片 / 蒋晓东

主义社会的继续发展。

（二）新质生产力根植于中国共产党生产力理论的探索与实践

新中国成立后，我们党始终坚持以马克思主义为指导思想，坚持将马克思主义基本原理同中国具体实际相结合、同中华优秀传统文化相结合，在中国特色社会主义伟大实践中不断丰富和发展马克思主义生产力理论。

新中国成立之初，国内经济社会发展千疮百孔、一穷二白，几乎处在崩溃的边缘，加之面临国外严厉的政治孤立与经济封锁，发展局面困难重重。在洞察新中国生产力和生产关系实际的基础上，毛泽东深刻回答了经济基础薄弱的落后农业国如何解放和发展生产力、建设社会主义工业化国家等时代重大课题，深刻指出，"社会主义革命的目的是为了解放生产力"①。在领导社会主义革命和建设的过程中，毛泽东始终高度重视生产力问题，揭示了社会主义生产力的本质及其与生产关系、上层建筑的关系，并注重通过变革生产关系来发展社会生产力，为推进中国式现代化奠定了根本政治前提和制度基础，提供了宝贵经验、理论准备和物质基础。毛泽东还号召"向科技进军"，把经济技术与社会制度革命提到同一个战略高度，纳入

---

① 《毛泽东文集》第七卷，人民出版社1996年版，第1页。

"四个现代化"，推动了新中国国防高科技从无到有的伟大飞跃，建立起独立的比较完整的工业体系和国民经济体系。

世界科技发展日新月异，正以空前速度迅速转化为生产力，改革开放和社会主义现代化建设新时期，以邓小平同志、江泽民同志、胡锦涛同志为主要代表的中国共产党人牢牢抓住科学技术在推进中国式现代化过程中的关键性作用，根据我国不同发展阶段的历史性特点，提出和制定了一系列加快生产力发展的方针政策，推动了我国从生产力相对落后的状况到经济总量跃居世界第二的历史性突破，仅仅用几十年时间走完了发达国家几百年走过的工业化进程，社会生产力得到了极大解放和发展，丰富和发展了马克思主义生产力理论。1988 年，邓小平鲜明提出"科学技术是第一生产力"①的伟大论断。这一论断着重强调科学技术在生产力中处于第一位，是首要的、起决定性作用的因素，在社会历史发展中处于核心地位。邓小平还批示实施《高技术研究发展计划纲要》，即"八六三"计划，并题词"发展高科技，实现产业化"。这指明了高科技的发展导向，科技要注重与经济发展相结合，促进科技创新成果向现实生产力的转化，发挥科技在现代化建设中的第一生产力作用。20 世纪 90 年代以来，新一轮世界科技革命与和产业变革席卷全球，以科技为核心的竞争日趋激烈，各国加紧调整科技与经济战略以提升国家综合竞争力。江泽民提出"科技进步是经济发展的决定性因素""科学技术是第一生

①《邓小平文选》第三卷，人民出版社 1993 年版，第 274 页。

产力，而且是先进生产力的集中体现和主要标志""人是生产力中最具有决定性的力量""把以科技创新为先导促进生产力发展的质的飞跃，摆在经济建设的首要地位"等重要论断，领导实施科教兴国战略、科技强军战略，深化科技体制改革，先后启动"211工程""知识创新工程""技术创新工程"，探索走新型工业化道路，不断加速中国科技创新步伐，推动中国特色创新体系的构建。进入21世纪新阶段，新一轮科技革命和产业变革孕育兴起，胡锦涛深刻总结我国现代化建设的丰富经验，提出以科学发展观统领经济社会发展，作出实施创新驱动发展战略的重大决策，加快转变经济发展方式，走中国特色自主创新发展道路。

（三）新质生产力是对新时代马克思主义生产力理论的重大理论创新

进入新时代，新一轮科技革命和产业变革孕育兴起，新科技革命和产业变革正在重塑全球竞争版图与政治经济格局，而国内正由速度型增长阶段向质量型发展阶段转型，推动高质量发展成为经济社会发展的首要任务，但制约高质量发展的因素还大量存在。在国际竞争挑战与国内现实需求双重压力下，我们迫切需要加快推进科技创新、转变发展新动能，充分发挥科技创新强有力的战略支撑作用，提升全要素生产率。党的十八大以来，习近平总书记始终坚持创新是引领发展的第一动力，把科技创新摆在国家发展全局的核心位置，围绕加快推进新时代科技创新、建设世界科技强国提出一系列新思想、新论断和新要求。在全面建设社会主义现代化国家、实现中华民族伟大复兴的新征程上，科技创新的广度、深度和融合度前所未有，习近平总书记创造性提出"新质生产力"这一新概念新要求，是深刻把握新一轮科技革命和产业变革这个时代机遇、紧紧扭住高质量发展这个首要任务和推进中国式现代化这个最大的政治而提出的，是对关于解放生产力和发展生产力实践探索经验的深刻总结与规律认识，是对马克思主义生产力理论的继承与创新，具有鲜明的时代特色和实践价值。

作为雄安"城市大脑",雄安城市计算中心实现了"边缘计算、云计算、超级计算"的深度融合与协同,为雄安智慧城市生活治理、服务提供高可用、高可靠、高安全的计算服务,以算力筑基新质生产力。图为雄安城市计算中心夜景　中新图片/易海菲

二、把握新质生产力的
　　　基本特征

作为推动经济社会发展的根本动力，生产力是不断发展演变的。在不同区域或不同历史时期，社会生产力的水平和质态是不同的，具有鲜明的历史性和动态性的特点。与传统生产力形成鲜明对比的是，新质生产力是创新主导下生产力的新跃升，是先进生产力的演化升级，具有高科技、高效能、高质量的鲜明特征，是推动新时代经济社会发展质量变革、效率变革和动力变革的根本动力。

（一）高科技

在马克思主义看来，科学技术是生产力的重要构成要素和标志，没有科技进步就不会有生产力水平的提升和社会进步。从历史上看，每一次技术革命都会带来新技术、优化新要素、创造新产业，驱动经济社会发展，引发社会生产力变革，并引领社会制度和社会关系的调整与变革。在以往的工业化进程中，我们更多的是依靠要素驱动和投资驱动，主要表现为依靠劳动资料、劳动对象和劳动者大量投入的水平型扩张推动经济社会粗放式发展。而在数字经济时代，高科技特征是新质生产力最为显著的标志之一，代表着生产力水平质的跃升。新质生产力以创新为第一动力，以科技创新为核心驱动力，涉及领域具有技术含量高、要素配置优、生态友好型等显著特点，与传统生产力形成鲜明对比。"新质"的核心要素就是科技创新，但不是一般性的科技创新，而是以数字化、网络化、智能化等高新技术为支撑，以数据为关键生产要素，以全方位、系统性、深层次融合创新对传统产业进行高端化、智能化、自动化、数字化、绿色化升级改造，不断催生出新产业、新模式和新动能，以此推动实现高质量发展。

当前，新一轮科技革命和产业变革蓬勃兴起，新一代信息、生物、能源、材料等领域颠覆性技术不断涌现，高新技术应用重塑传统产业模式，全球科技创新进入密集活跃时期，围绕科技领域的竞争也日趋激烈。2023 年 ChatGPT 火爆全网，2024 年 Sora[①] 横空出世，各国开始广泛布局 AI（人工智能）产业，以数字技术为代表的新技术快速发展并带动基础设施、产品架构、产业模式、生活方式、商业模式、制度体系等社会质态发生革命性变革，呈现出跨领域技术深度交叉融合、技术创新应用迭代升级加速、现代产业体系重构加速等态势。《中华人民共和国国民经济和社会发展第十四个五年规划和 2035 年远景目标纲要》第二篇"坚持创新驱动发展　全面塑造发展新优势"就制定部署了强化国家战略科技力量的行动纲要，实施

---

① Sora，美国人工智能研究公司 OpenAI 发布的人工智能文生视频大模型（但 OpenAI 并未单纯将其视为视频模型，而是作为"世界模拟器"），于 2024 年 2 月 15 日（美国当地时间）正式对外发布。

一批具有前瞻性、战略性的国家重大科技项目，包括新一代人工智能、量子信息、集成电路、脑科学与人类脑研究、基因与生物技术、临床医学与健康、深空深地深海和极地探测等科技前沿领域攻关项目，为打好关键核心技术攻坚战指明了方向。截至 2023 年底，我国（不含香港、澳门、台湾地区）成为世界上首个国内有效发明专利突破 400 万件的国家。这充分反映出中国在创新能力和技术发展上的强大实力。从发明专利数量增长的速度来看，我国从第一个 100 万件（31 年）到第二个 100 万件（4 年）、第三个 100 万件（2 年）、第四个 100 万件（1 年半）所用的时间大幅缩短，尤其是第三个和第四个 100 万件的增长速度更快，这表明我国的创新能力在持续提升，技术发展速度在加快。这种持续高速增长可以归因于多方面的因素，如国家对科技创新的高度重视和大力支持，企业的研发投入和创新能力提升，科研机构和高校的基础研究能力增强，以及全社会的创新氛围日益浓厚等，这也验证了我国在新质生产力发展方面的坚实基础和技术底气。

（二）高效能

高效能是新质生产力的又一重要特征。在传统生产力模式下，资源配置往往受到时间、空间和信息不对称等因素的限制，难以实现最优配置。例如，由于技术条件相对落后，决策者无法及时获取关于资源需求和供应的最新信息，导致决策滞后，无法及时作出调整以满足变化的市场需求；资源在不同地区间的流动受到运输成本和时间的影响，使资源难以快速有效地从富余地区转移到需求地区。在传统经济中，市场参与者之间的信息不对称也会导致无法实现资源的最优配置。尤其是，传统生产力在技术使用上主要依赖低端、单一的技术手段，其结果往往就是生产效能相对较低，且建立在对环境资源的过度消耗和破坏上，呈现出粗放式的发展模式。这些因素的共同作用，使传统生产力模式下的资源配置往往难以实现经济效益和社会福利的最大化。

相比之下，新质生产力以信息技术、生物技术、新材料技术、新能源技术等高新技术为核心，依托数据信息、智能创新和绿色发展等方面的独特优势，逐步打破传统生产力模式下的制约因素，推动产业模式升级和社会效率变革，实现了生产过程的智能化、自动化和绿色化。这不仅极大提高了生产效率和质量，而且引领经济社会发展新方向、提升经济社会高质量可持续发展。首先，新质生产力能够极大提升生产效率。在新质生产力模式下，通过引入自动化、智能化等先进设备，不仅能够显著提升生产效率，更在一定程度上重塑了生产流程。智能化等先进制造设备的引入，通过集成先进的传感器、算法和控制系统，实现了对生产过程的实时监控与自动控制，使许多重复、烦琐以及精密的生产任务得以自动化完成，大大降低了人为错误，提高了生产精度，减少生产过程中的资源消耗，缩短了产品生产周期。例如，制造业中自动化智能化设备的广泛应用，可以实现24小时不间断运用、产品标准化生产、生产过程实时

图为江苏凯瑞锝光伏科技有限公司的全自动化生产线正在加工光伏组件用玻璃   中新图片 /
顾华夏

监控等，大大提高设备利用率和生产效率。同时，产品标准化生产的实现也降低了质量控制的难度，提高了产品的一致性和可靠性。其次，新质生产力优化资源配置。新质生产力借助大数据、云计算、物联网等信息技术，打破了传统生产力模式下资源配置的时间、空间和信息不对称等限制，实现了对全社会资源的精准配置和优化利用，运用新成果、新技术改造提升传统产业。例如，互联网、大数据、人工智能等技术的应用，催生了共享经济、平台经济、智能经济等新型商业模式，使闲置资源得以充分利用，降低了资源浪费，实现了社会资源的共享和优化配置，提高了经济的整体效益。智能经济则通过大数据和人工智能等技术的应用，实现了对市场需求的精准预测和资源的智能调度，使生产和消费更加匹配，减少了库存积压和供需失衡的问题。最后，新质生产力能够促进绿色发展。传统生产力模式下的产业生产资源消耗大、环境污染重、产业附加值低，而新质生产力更加注重全面贯彻新发展理念，强调高效、清洁、可持续的生产方式，通过引入清洁能源、环保材料、节能工艺等绿色技术手段，推动产业的绿色发展，破解传统产业在资源禀赋、环境生态、地理区域等方面的束缚，为经济的可持续发展提供了有力支撑。例如，在能源领域，新能源和可再生能源的广泛应用，减少了社会对化石燃料的依赖，降低了温室气体排放和环境污染；绿色建筑材料、节能技术、环保工艺等的广泛应用，使建筑行业、交通运输、工业生产等领域更加环保、高效。新质生产力在绿色发展方面的作用是多层次、全方位的，它不仅改变了传统生产方式对环境的破坏模式，还通过创新技术和理念，为经济的可持续发展注入了新的活力。

（三）高质量

新质生产力是生产力质的提升、质的飞跃和质的变革，是推动实现高质量发展的先进生产力。

第一，新质生产力本身是高质量的。传统生产力往往依赖于资源、土地、劳动力和资本等要素投入为主，以高投入、低产出的粗放式发展为主要模式，对社会的物质、环境、成本等造成很大负担。而新质生产力以科技创新驱动为核心，更加注重科技创新、产业创新和模式创新等，特别是从 0 到 1、从无到有的原始性、颠覆性科技创新以及前沿技术带来的革命性变革。与传统生产力相比，新质生产力在多个维度上展现出显著优势，打破了传统生产力发展瓶颈，降低了自然资源和能源投入，带来更高的生产效率、更好的产品质量和更符合新发展理念的要求，使经济增长摆脱了要素驱动的数量型扩张模式，为经济社会的高端化、智能化、绿色化发展提供了强大动力，催生了人工智能、大数据、生物科技、新材料等一系列战略性新兴产业和未来产业发展。例如，ChatGPT4.0 的面世无疑在 AI 领域掀起了巨大的波澜。作为一款大型语言模型，它不仅在自然语言处理上取得了显著的进步，更在智能对话、情感分析、文本生成等多个方面展现了前所未有的能力。一系列具有颠覆性价值的"AI+"

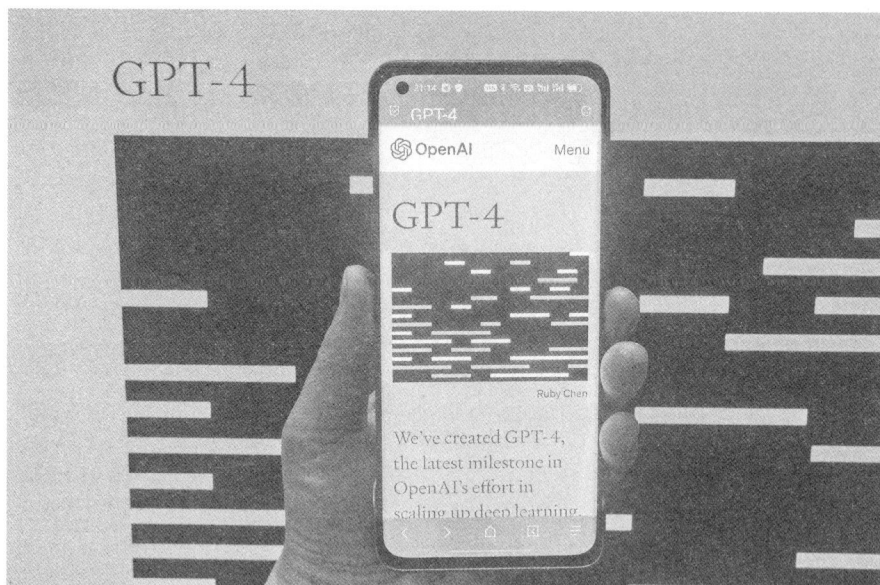

OpenAI 推出的 GPT-4 界面展示图　中新图片 / 王冈

技术群的诞生，将 AI 与各个行业深度融合，催生了新的业务模式和服务形态，对工业生产、教育、医疗、互联网、商业、军事等领域产生了深远的影响。

第二，发展新质生产力的根本目的是推动高质量发展。党的二十大报告指出："高质量发展是全面建设社会主义现代化国家的首要任务。"新时代，我国经济已由高速增长阶段转向高质量发展阶段，进入从量的扩张向质的提升新阶段，高质量发展已经成为经济社会发展的主旋律。习近平总书记深刻指出："高质量发展，就是能够很好满足人民日益增长的美好生活需要的发展，是体现新发展理念的发展，是创新成为第一动力、协调成为内生特点、绿色成为普遍形态、开放成为必由之路、共享成为根本目的的发展。"实现高质量发展必须建立在坚实的物质技术基础上，同时高质量发展是符合新发展理念的发展，具有鲜明的人民性、创新性、先进性、绿色性和可持续性等特点。这充分表明，高质量发展的内涵要求与新质生产力的内在本质是一体耦合的，加快发展新质生产力是推动高质量发展和实现中国式现代化的内在要求和着力点。虽然我国经济总量大幅增加，但是经济规模大而不强、经济增速快而不好、经济结构全而不优，其根本问题就是发展动能不足、后劲不够。长期以来，我国主要依靠劳动力、资本、资源等低成本要素投入来拉动经济增长，但是效率不高、质量不高、破坏环境、产能过剩，经济结构性问题日渐突出，这是一种粗放型的、不可持续的发展模式。随着这些传统要素的规模驱动力减弱，生态资源瓶颈日益凸显，人口红利逐渐消失，低成本劳动力优势正在失去，投资的边际效益逐渐递减。而且，随着生产要素质量不断提高，促进经济发展的资源禀赋条件发生重大改变，更多地依靠人力资本质量和科技创新，科技创新成为突破发展瓶颈制约、解决深层次矛盾问题的根本出路。新质生产力以科技创新推动产业创新，催生新产业、新模式、新动能，加快推动现代化经济体系建设，不断打造新引擎、开辟新赛道、创造新优势，实现了产品质量和服务水平的全面提升，满足了人们对美好生活的向往，从而形成我国高质量发展的强大推动力和效益倍增点。

三、聚焦新质生产力的核心标志

习近平总书记指出，新质生产力"以全要素生产率大幅提升为核心标志，特点是创新，关键在质优，本质是先进生产力"[1]。新质生产力与传统生产力显著的不同点，就在其核心标志主要体现在全要素生产率的大幅提升上面。

（一）全要素创新配置

与传统生产力相比，新质生产力的"新"体现在四个方面：一是劳动者"新"。不同于传统以简单重复劳动为主的普通技术工人，参与新质生产力的劳动者是能够充分利用现代技术、适应现代高端先进设备、具有知识快速迭代能力的新型人才。例如，新一代信息技术、新能源、新材料、高端装备、新能源汽车、绿色环保、民用航空、船舶与海洋工程装备等产业人才；从0至1的颠覆性科技创新人才；未来产业创新人才：未来制造、未来信息、未来材料、未

---

[1] 习近平：《发展新质生产力是推动高质量发展的内在要求和重要着力点》，《求是》2024年第11期。

来能源、未来空间和未来健康等人才。二是劳动对象"新"。与新质生产力相适应的劳动资料和劳动对象，不仅包括物质形态的高端智能设备，如工业机器人、高科技制造系统、人工智能系统等，还包括数据等新型生产要素和新劳动对象，如数据采集、汇聚、处理、存储、分析，数据管理与治理、数据资源库建设与数据价值挖掘等，形成数据资源、数据产品。三是劳动工具"新"，如 AI、Sora、生成式人工智能（AIGC）、虚拟现实和增强现实设备、自动化制造设备等。四是基础设施"新"，适应科技创新范式变革、模式重构的新需求，统筹布局大科学装置，围绕促进战略性新兴产业和未来产业发展，优化升级传统基础设施，建设新型基础设施。如 6G 网络、人工智能、工业互联网、数据中心等。

（二）生产率大幅提升

传统的生产模式往往依赖于单一或有限的生产要素，如劳动力、资本和自然资源等。这种依赖性主要受到技术和经济发展水平的限制，使生产过程只能依靠这些相对容易获取和量化的要素进行。当然，这些要素在工业化早期推动经济快速发展过程中起到了重要作用。然而，随着科技的不断进步和经济的发展，传统生产模式对单一或有限生产要素的依赖已经成为制约生产力提升和经济发展的瓶颈，提高全要素生产率成为推动经济发展的重要动力。全要素生产率，也被称为"索罗余值"，最早由美国经济学家罗伯特·索罗提出。

阿里巴巴张北数据中心机房内景　中新图片／何光

它是指生产活动在一定时间内的效率，是衡量单位总投入和总产量的生产率指标，即总产量与全部要素投入量之比。全要素生产率源于技术进步、组织创新、专业化和生产创新等。新质生产力是以创新为核心的先进生产力，代表着生产力的前进方向，并通过推动技术创新、提高生产效率、优化资源配置等方式，实现了社会全要素生产率的显著提升。这既是发展新质生产力的目的，也是其结果。

（三）全要素优化组合

提高全要素生产率是实现经济社会持续健康发展的关键，它代表了生产过程中各种生产要素的优化组合和高效利用。新质生产力更加注重通过技术进步和生产要素的重新组合来提高全要素生产率，以科技创新为驱动力推动社会生产力的跃升。

第一，技术创新是新质生产力提高全要素生产率的重要途径之一。通过引入先进的技术和设备，可以实现生产效率的显著提升。例如，在农业领域，现代生物和精准农业等技术的应用可以提升农作物的产量和品质。这些技术进步不仅提高了生产效率，还带来了产品质量的提高和附加值的提升。

第二，生产要素的重新组合也是新质生产力提高全要素生产率的重要手段。这包括提高劳动者的技能水平、优化资本配置、创新管理和组织模式等。通过提高劳动者的技能水平，可以提升人力资源的质量，使其更好地适应现代生产的需求。优化资本配置则意味着将资金投向生产效率高和最具增长潜力的领域，从而实现资本的高效利用。创新管理和组织模式可以打破传统的束缚，激发企业的创新活力和市场竞争力。同时，这些技术也为生产者提供了更加精准的市场分析和决策支持，有助于实现资源的优化配置，降低经营风险。因此，基于各种生产要素之间的协同作用和优化配置，在同样的投入下能够获得更高的产出和更好的经济效益，推动经济社会持续健康发展，实现了生产力的跨越式发展。例如，人工智能、互联网、大数据、云计算等现代信息技术与经济社会生活各个领域深度融合，不断变革社会生产与生活方式，智能制造、智能农业、智能医疗、智能生活、智能金融等加速应用，并依托互联网整合创新资源、汇集创新力量，大力推动协同创新，深刻变革产业组织形式和经济结构。

实现高质量发展迫切需要转换经济社会发展新动能，由要素驱动向创新驱动转变，充分发挥科技创新强有力的支撑和引领作用，依靠科技创新提高全要素生产率，推动经济社会从数量型增长向质量型增长发展转变。新质生产力为经济社会的持续健康发展注入新的活力和动力，推动产品创新和服务升级，支撑和引领经济社会向更高质量、更有效率、更可持续方向发展，满足人民日益增长的美好生活需要。

当前，我国经济发展进入新常态，经济增长速度从高速转向中高速，劳动力红利的逐渐消失、资本积累的速度放缓、资源环境约束日益增强，经济发展方式从规模速度型转向质量效率型，迫切需要找到新的经济增长点。在国际形势上，世界百年未有之大变局加速演进，新一轮科技革命和产业变革下国际竞争日趋激烈，各国争相抢占全球产业链和价值链的高端位置。面对经济新常态和全球经济竞争的新形势，党的十八大以来，党和政府高度重视提高我国全要素生产率，以此打造国民经济增长新动能和新优势。2015年，《政府工作报告》首次提出，"要增加研发投入，提高全要素生产率"。2017年，党的十九大报告又明确将提高全要素生产率作为供给侧结构性改革的重点，推动经济发展质量变革、效率变革、动力变革。2022年，党的二十大报告指出："我们要坚持以推动高质量发展为主题，把实施扩大内需战略同深化供给侧结构性改革有机结合起来……着力提高全要素生产率……推动经济实现质的有效提升和量的合理增长。"可以看出，提高全要素生产率已经成为我国提升经济发展质量的重要抓手和动力源泉，对于我国经济社会的可持续发展、高质量发展、提升国际竞争力以及应对资源环境约束都具有重要意义。

第二章

探寻新质生产力的
生成之道

习近平总书记指出，新质生产力"由技术革命性突破、生产要素创新性配置、产业深度转型升级而催生"①。这一重要论述，深刻揭示了新质生产力的生成之道。新一轮科技革命和产业变革下技术革命性突破，为新质生产力的生成奠定了强大的动力源泉。生产要素创新配置有利于实现生产要素的优化组合和高效利用，为新质生产力的生成夯实了有力的支撑保障。产业深度转型升级，为新质生产力的生成提供了广阔的发展机遇。三者共同作用之下催生了新质生产力的形成与发展，塑造了我国高质量发展新动能新优势。

---

① 习近平:《发展新质生产力是推动高质量发展的内在要求和重要着力点》,《求是》2024 年第 11 期。

一、新技术革命性突破
　　为新质生产力开路

　　习近平总书记深刻指出："科技创新的重大突破和加快应用极有可能重塑全球经济结构，使产业和经济竞争的赛场发生转换。"[①] 科技革命与社会生产力跃升是相辅相成、相伴而生的，每一次生产力的飞跃都是科技革命的结果，每一次科技革命都为生产力的发展提供了难得的机遇。当前，新一轮科技革命和产业变革蓬勃发展，不断催生新质生产力的形成与飞跃。

（一）科学技术是社会历史发展的核心驱动力

　　科学技术是生产力中最活跃的因素和最主要的推动力量。科技革命和生产力发展的历史充分表明，科技革命不仅深刻改变了人类的生产方式和生活方式，为经济增长提供了新动力、为生产力的发展开辟了新空间，还不断重塑全球经济结构和竞争格局。回顾历史，人类社会经历了蒸汽时代、电气时代、信息时代三次重大科技革命浪潮，每一次科技革命都伴随着产业领域的变革，都对世界政治经

[①]《习近平谈治国理政》第一卷，外文出版社 2018 年版，第 123 页。

济格局产生深远影响，也都成为后发国家实现战略赶超和跨越式发展的重要机遇期。

第一次工业革命开始于 18 世纪 60 年代的英国，以蒸汽机的发明和应用为主要标志。这场革命使能源和动力发生了巨大的变革，推动了纺织业、采矿业、冶金业和机械制造业的飞速发展，人类从此进入蒸汽时代，英国成为世界上第一个工业国家，也因此成为当时世界上最强大的国家。第二次工业革命开始于 19 世纪 70 年代的欧洲和美国，以电力的广泛应用和内燃机的发明为主要标志。这场革命使能源和动力再次发生了巨大的变革，推动了电力工业、化学工业、石油工业和汽车工业等新兴产业的飞速发展，人类从此进入了电气时代，人类的生产和生活方式发生革命性变革。这个时期，德国赶超英法成为世界工业化强国，美国在第一次世界大战后逐渐掌握了世界经济霸权。第三次工业革命开始于 20 世纪四五十年代的美国、日本、德国等地，以原子能、电子计算机、空间技术和生物遗传工程的发明和应用为主要标志。这场革命使信息的获取、处理和传输发生了巨大的变革，推动了信息产业的飞速发展，并对传统产业产生了深远的影响，极大地拓展了人类的生产和生活领域，人类从此进入了信息时代。美国顺势成为世界头号强国，欧美等发达国家进入工业化成熟期，还有亚洲"四小龙"等都抓住机遇实现崛起。

当前，一场以智能化、社会化为特征的新一轮科技革命和产业变革席卷全球、蓬勃展开，全球科技创新活动空前活跃，以新一代互联网、大数据、人工智能、新能源、新材料、生物医药、绿色低碳等为代表的颠覆性、前沿性技术突破层出不穷，科技成果转化更加迅捷，不断催生出新理念和新业态，正在以前所未有的速度和方式改变着我们的世界，促进经济结构、产业结构、组织模式、生产关系等深度调整、转型升级，成为促进世界经济社会发展的强大引擎。

（二）新一轮科技革命和产业变革是一场全面而深刻的变革

在新一轮科技革命和产业变革中，技术突破之快前所未有、波及范围之广前所未有、影响程度之深前所未有，这一场全面而深刻的变革，正在以前所未有的速度和规模改变着人类社会的面貌。一是技术更新换代速度加快。随着科学研究的深入、信息技术的飞速发展以及全球市场竞争的推动，技术更新换代的速度前所未有地加快。从人工智能、大数据到生物科技、新材料等领域，新技术的涌现和迭代速度令人目不暇接。新的科学发现和颠覆性技术突破不断涌现，为技术更新换代提供了源源不断的动力。前沿性领域不断延伸，不断突破人类的认知空间和认知结构，引领世界科技创新潮流。同时，信息技术的广泛应用使新技术、新产品能够迅速传播和应用，进一步加速了技术更新换代的速度。二是多种技术交叉融合。新一轮科技革命和产业变革不再局限于单一领域的技术突破，而是表现为不同领域的技术深度交叉融合，形成新的技术体系和产业应用场景，赋予生产力更多创新内涵和巨大发展动能。科技创新在不同学科之间、不同领域之间交叉融合态势日趋深入，掀起了以绿色、智能、泛在为特征的群体性科技创新活动。例如，人工智能与大数据、云计算的结合，推动了智能算法和预测模型的快速发展；人工智能与物联网的结合，催生了智能家居、智慧城市等全新应用场景；生物技术与信息技术的融合，催生了基因编辑、合成生物学、精准医疗等新兴领域。这些交叉融合的技术不仅拓展了科技创新的边界，也为解决复杂问题提供了新的思路和方法。三是科技创新与产业变革深度融合。在新一轮科技革命和产业变革中，科技创新与产业变革的深度融合趋势日益明显。科技创新不再仅仅停留在实验室阶段，而是更快地转化为实际生产力，信息技术、生命科学技术、新能源技术、先进制造技术等加速产业化应用。科技创新与产业变革的深度融合深刻改造了传统产业、催生了新兴产业，使很多在电影、小说中的概念成为现实。同时，产业变革的需求也反过来引导科技创新的方向和目标，形成良性互动的发展格局。例如，新能源汽车的兴起推动了传统汽车产业向绿色低碳转型；数字经济的崛起则加速了传统产业的数字化转型。四是全球创新活动国际化程度日益提高。虽然当前国际政治经济形势出现逆全球化浪潮，部分国家搞"小院高墙"策略对我国科技领域打压升级，但是难以改变全球创新活动国际化趋向，尤其是高精尖技术研发和基础研究更离不开全球创新协作，数字技术的深入发展也为国际科技创新合作提供了难得机遇。这种全球化的创新网络不仅促进了创新资源的共享和互利共赢，也

2023 世界人工智能大会展出的微创机器人展示 5G 远程手术技术　中新图片 / 陈玉宇

为解决全球性挑战提供了更多的可能性和选择。例如，5G技术的研发和应用就是一个全球性的创新活动。多个国家和地区的科研机构、企业都在积极参与5G技术的研发和标准制定。同时，5G技术的应用也超越了国界，成为全球范围内推动经济社会发展的重要力量。这些特点相互交织、互为支撑，共同推动着全球科技和产业格局的深刻变革。

（三）抓住新机遇，掌握发展主动

当前，人口、资源、生态、气候等全球性问题日益突出，人民对美好生活的需要也对科技创新提出了新的、更高的要求，我们迫切需要依靠科技创新实现经济社会健康持续发展，不断满足人民的美好生活需要，这是应对人类共同挑战和威胁、实现经济社会可持续发展的战略选择。尤其是2008年全球金融危机以来，世界经济发展动力不足，各国更加深刻认识到科技在摆脱金融危机、转换经济发展新动能中的关键作用，习近平总书记也强调指出，创新是从根本上打开增长之锁的钥匙。新一轮科技革命和产业变革再次提供了重要发展战略机遇期，也正在重塑全球科技创新版图和世界政治经济结构。各国都在加紧制定科技发展战略，加大对科技的研发投入和政策支持，大力发展数字经济，促进科技与经济社会发展紧密结合，抢占科技创新与产业发展制高点。

我国正处在由大国向强国迈进的关键时期，美西方对我国高科技领域进行遏制打压持续升级，加快形成新质生产力具有重大的战略意义。改革开放初期，为了尽快摆脱落后的社会生产力状况，我国发展的主要思路是引进、利用和模仿国外技术，策略上主要是以市场交换技术。虽然在发展初期这种做法符合比较成本理论，是一种较为有效、经济、可行的发展策略。但是当时我国引进的技术主要是第三次工业革命成果，集中在一些二手技术、同步技术、中低端技术。随着我国经济社会发展向更深更广更高层次上推进，科技需求日益升级，技术引进策略是不现实甚至是极其危险的。技术引进不是无条件的、稳定的，一味地技术引进容易被他国卡住发展的"脖子"，这从近几年各类打压事件中是显而易见的，教训深刻。因此，我们必须把发展的基点放在提升自主创新能力上，掌握更多的关键核心技术，把发展的主动权牢牢地掌握在自己手中。新一轮科技革命和产业变革为我国由大向强提供了难得的机遇，必须增强危机感与紧迫感，密切跟踪世界科技前沿态势，抓住机遇、迎头赶上、掌握主动，加快形成具有全球竞争力的新质生产力，只有这样我国才能在全球竞争中占据有利地位。

二、生产要素创新配置
为新质生产力提供支撑

随着科技进步和产业变革的不断加速，生产力的发展已经不仅仅依赖于传统的土地、劳动和资本等生产要素的简单组合，新质生产力以创新驱动为核心，以高科技、高效率、高质量为主要特征，已经成为推动经济社会发展的新引擎。新质生产力形成的关键，就在于生产要素的创新性配置，包括生产要素组成及其配置两方面。

（一）生产要素质量不断拓展

在马克思主义理论中，生产力被视为人类改造和征服自然的能力，它建立在劳动者、劳动资料和劳动对象这三大生产要素的基础之上，这些要素具体表现为劳动力、土地、资本等。然而，随着科技的飞速发展和社会的深刻变革，生产要素的种类、范围、规模、内涵等也在发生变化，新质生产力相较于传统生产力实现了质的提升。

第一，新劳动者的涌现。人，即劳动者，是最活跃、最具决定性的因素。人力资本的跃升是在积累的基础上实现的质的飞跃，它通常伴随着重大科技创新或社会变革，使劳动者的素质得到显著提升，进而推动新质生产力的大幅增长。传统生产力中的劳动者往往以简单重复劳动为主，技能水平相对单一。然而，在新质生产力中，劳动者的角色发生了根本性变化。他们不再是简单的执行者，而是能够充分利用现代先进技术、适应高端先进设备、具备知识快速迭代能力的新型人才。这些新劳动者通常拥有较高的教育背景，掌握着先进的科技知识和专业技能，能够迅速适应并推动科技创新和产业升级。根据国家统计局发布的 2023 年国民经济和社会发展统计公报，我国劳动年龄人口平均受教育年限提升至 11.05 年，全员劳动生产率达到 161615 元 / 人，人才资源总量、科技人力资源、研发人员总量均居全球首位。这反映出我国劳动者素质显著提高。

第二，新劳动对象的拓展。随着科技的不断进步和产业的持续创新，我们正处于一个劳动对象种类和形态极大丰富、生产边界不断拓展、生产空间持续创造的新时代。这一系列变革不仅深刻影响着生产力的构成要素，还推动了整个经济社会的发展方式发生根本性变化。在传统的生产模式中，劳动对象往往局限于自然资源、初级原材料等有限的范围。在新质生产力模式下，除了传统的物质形态劳动资料外，数据等新型生产要素逐渐成为其重要组成部分。这些新型劳动对象不仅丰富了生产力的内涵，还为产业创新提供了更广阔的空间。例如，在数字经济领域，数据已经成为一种重要的生产资料，通过分析和挖掘数据价值，可以推动商业模式创新、提升决策效率等。

第三，新劳动工具的应用。随着科技的进步，高科技成为新质生产力的动力源泉，新质生产力中的劳动工具也实现了更新换代。新质生产力孕育出一大批新科技和更智能、更高效、更低碳、更安全的新型生产工具，进一步解放和发展了生产力。例如，人工智能、虚拟现实、增强现实设备以及自动化制造设备等新型劳动工具的应用，极大地提高了生产效率和产品质量。这些新型劳动工具不仅使生产过程更加智能化、自动化，还为劳动者提供了更加便捷、高效的工作方式。

第四，新型基础设施的建设。为了适应科技创新范式变革和模式重构的新需求，新型基础设施的建设也成为新质生产力发展的重要支撑，其内涵、外延也在持续变化和演进。新型基础设施主要包括三个方面：基于新一代信息技术演化生成的信息基础设施；深度应用互联网、大数据、人工智能等技术的融合基础设施；支撑科学研究、技术开发、产品研制的创新基础设施。通过构建更加高效、智能、绿色的基础设施体系，可以为新质生产力的发展提供坚实的物质基础。我国正在积极布局和建设以5G、人工智能、数据中心、工业互联网等为代表的各类新型基础设施，以适应经济社会的高质量发展要求，并提供数字化、网络化、智能化服务的基础设施体系。

（二）生产要素结构不断优化

随着时代的演进，生产要素的构成也在不断发生变化。从农耕社会的土地和劳动，到工业社会的土地、劳动和资本，再到信息社

杭州第 19 届亚运会开幕式数字火炬手点燃火炬，数字火炬手是运用增强现实技术实现相关功能的。图为数字火炬手点燃火炬　中新图片 / 史春阳

会的数据等，新兴要素作用不断凸显，这一变化不仅反映了生产力的进步，也体现了新质生产力下经济社会发展的新趋势。党的十九届四中全会明确将数据纳入生产要素范围，并提出，"健全劳动、资本、土地、知识、技术、管理、数据等生产要素由市场评价贡献、按贡献决定报酬的机制"。这一决策不仅是对当前经济发展趋势的深刻把握，也是对生产要素范围与时俱进的拓展。在数字经济时代，数据已经成为新质生产力发展的核心生产要素之一，与其他传统生产要素共同构成现代经济的基础。

数据作为新兴生产要素，在经济增长中发挥着越来越重要的作用。研究发现，数据要素对我国经济增长具有"双维驱动"作用。一方面，数据要素通过自身的经济增长效应直接驱动经济增长。随着大数据、云计算等技术的快速发展，数据已经成为一种新的资源，具有巨大的经济价值和潜力。数据的收集、处理和分析可以为企业提供更准确的市场信息，帮助企业作出更科学的决策，从而提高生产效率和市场竞争力，实现降本增效和价值倍增。数据还可以为消费者提供更个性化的产品和服务，推动消费需求的增长。另一方面，数据要素通过促进技术进步间接驱动经济增长。数据是科技创新的重要基础，大数据、人工智能等技术的快速发展都离不开海量数据的支持。通过数据的挖掘和分析，可以发现新的科学规律和技术趋势，为科技创新提供有力支撑。同时，数据还可以促进传统产业的转型升级和新兴产业的快速发展，推动产业结构的优化和升级。未来一段时期，随着数字经济的不断发展，数据要素的作用将更加凸显，成为推动经济高质量发展的重要因素。

除了驱动经济增长，数据要素对于实现高质量发展同样发挥着重要作用。例如，数据要素有助于提升政府治理能力。政府通过收集和分析大数据，可以更准确地了解经济社会发展状况、民生需求以及社会问题，从而制定更加科学、精准的政策措施，提高政府治理效能。数据要素还有助于促进区域协调发展。不同地区在资源禀赋、产业结构和发展水平等方面存在差异，通过数据共享和流通，打破传统生产要素之间的隔阂和限制，可以实现资源优化配置和协同发展。总之，在数字经济时代，数据作为新生产要素为经济社会发展注入了新的活力和动力。同时，数据技术的快速发展也为生产要素的创新性配置提供了强大支撑和保障，将在更广泛的领域和更深层次上发挥其巨大的潜力和作用。

（三）生产要素配置更加高效

在传统的经济模式下，生产要素的供给是经济增长的基础。然而，仅仅依靠要素的增加并不能保证经济的持续高速增长。新质生产力更加注重创新、技术和效率，而不是单纯的要素增加，更多地强调要素的组合效率和配置优化，使生产要素配置更加高效。

第一，要素组织方面的变革是提高生产要素配置效率的关键。组织是生产要素结合和配置的载体。土地、劳动力、资本、技术、信息等生产要素本身并不具有直接的生产力，它们需要通过一定的组织形式组合在一起才能形成有效的生产力，不同的组织形式对生产要素的配置效率有着深远的影响。传统的生产组织方式往往比较固定和僵硬，难以适应快速变化的市场需求和技术进步。而在新质生产力模式下，生产组织方式的灵活性和适应性更强，能够快速响应市场变化，调整生产要素的组合和配置。例如，通过构建更加扁平化、网络化的组织结构，可以促进信息在组织内部的快速传递，从而提高决策效率和响应速度。从经济社会制度角度来看，我国实行公有制为主体、多种所有制经济共同发展，按劳分配为主体、多种分配方式并存，社会主义市场经济体制等社会主义基本经济制度。在这一制度体制下，遵循市场规律，实现资源的高效配置，同时符合社会主义制度的原则，确保公平正义和可持续发展。

第二，技术进步也是提高生产要素配置效率的另一个关键因素。数据这一新型生产要素的产生，给生产要素创新性配置带来了机遇。传统经济模式下，生产要素的配置往往受到诸多限制，如地域分割、行业壁垒、信息不对称等，导致资源无法自由流动和高效利用。在数据的驱动下，土地、劳动力、资本等传统生产要素得以重新组合和优化配置，释放出更大的生产潜力。通过数据分析，可以更加准确地了解各种生产要素的供需状况、流动趋势和配置效率，从而为政府和企业提供更加科学、合理的决策支持。此外，数据还可以与其他生产要素相结合，创造出新的生产力。例如，将数据与劳动力相结合，可以提高劳动力的技能和效率；将数据与资本相结合，可以实现资本的更加精准高效投放；将数据与土地相结合，可以提高土地的利用效率和产出效益。

　　近年来，中国经济发展的比较优势正在经历显著的转变，从传统的劳动密集型逐渐向资本和技术密集型过渡。数据显示，由 2010 年到 2022 年，中国劳动力全球占比从 24.7% 降至 22.8%，而资本要素全球占比则由 20.8% 升至 27.8%，资本形成总额由 19.2 万亿元上升至 52.4 万亿元。这一变化表明，中国在全球经济中的角色正在从"世界工厂"向资本密集型的方向转变。与资本积累相伴的是中国在技术研发方面的巨大投入和产出，数字技术对工业效率的赋能作用在 2017 年至 2022 年间提升了 1.14 倍，这表明新质生产力正在成为推动中国经济社会发展的重要力量。[①]

---

① 参见缴翼飞：《专访全国政协委员、中国信通院院长余晓晖：加快发展新质生产力是打造发展新优势的必然选择》，《21 世纪经济报道》2024 年 3 月 7 日。

三、产业深度转型升级
加速催生新质生产力

2020年6月，习近平总书记在宁夏考察时强调："要坚持不懈推动高质量发展，加快转变经济发展方式，加快产业转型升级，加快新旧动能转换，推动经济发展实现量的合理增长和质的稳步提升。"高质量发展是全面建设社会主义现代化国家的首要任务，实现高质量发展必须依靠科技创新，加快产业转型升级和新旧动能转化。纺织、钢铁、煤炭、电力、建筑、汽车制造等传统产业主要是以劳动密集型和资本密集型为主，这些产业种类多、体量大、市场广、产值高，在经济增长过程中具有举足轻重的关键地位。但随着科技的发展和市场需求的变化，它们面临着诸多挑战，如劳动力成本上升、资源环境约束加剧、市场需求疲软等，迫切需要转型升级。近年来，我国经济高质量发展取得显著成就，中国制造向中国创造稳步迈进，产业深度转型加速升级，催生了新质生产力的发展与形成，彰显了我国在创新驱动、质量优先、可持续发展等方面的强大实力。

（一）产业迈向高端化

高端化是指通过技术创新、品牌建设、品质提升、产业链协同以及国际合作与交流等措施的综合推进，使传统产业的产品和服务向更高档次、更高附加值、更绿色低碳等方向发展，以适应消费升级新趋势。高端化是当前经济发展的重要趋势，也是传统产业转型升级的必由之路。打造具有国际竞争力的"中国制造"高端品牌，必须推动我国传统产业转型升级，实现全球价值链地位和产品附加值双提升。石化化工、钢铁、有色、轻工、纺织等传统制造业是我国国民经济发展的重要支柱，其增加值占全部制造业的比重高达近80%，满足了人民生活的基本需求。然而，与一些先进国家相比，我国的传统制造业确实存在"大而不强""全而不精"的问题。党的十八大以来，我们积极推动供给侧结构性改革，以质量、效率、动力三大变革促进制造业向高端化转型升级。新能源产业就是我们弯道超车的典型代表，实现了跨越式发展。据统计，2023 年，中国新能源汽车产销分别完成 958.7 万辆和 949.5 万辆，同比分别增长35.8% 和 37.9%，市场占有率达到 31.6%。[①] 这一规模远远超过其他国家，显示了中国在新能源汽车领域巨大的市场潜力和消费者需求。我国在电池、电机、电控等核心零部件领域拥有较强的自主研发能力，同时在智能网联、自动驾驶等方面也在积极布局，进一步奠定了中国在全球新能源汽车领域的领先地位。

---

① 参见宗巍等：《向着建设汽车强国的目标奋勇前行——2023 年中国汽车产业观察》，新华网 2024 年 1 月 13 日。

2024 年 3 月 27 日，江苏省常州市一汽车制造基地的一辆新车驶下生产线　中新图片 / 唐克

（二）产业迈向智能化

智能化是指利用互联网、大数据、人工智能等新一代信息技术，对传统产业进行数字化、网络化、智能化改造。在新一轮科技革命和产业变革下，信息技术与传统产业的深度融合，从研发、设计、生产到企业管理等各个环节的数字化、智能化，既可以实现生产过程的自动化、智能化和柔性化，提高生产效率和产品质量，也可以实现产品与消费者的智能互动和个性化服务，提升用户体验。近年来，我国制造业数字化转型不断深化，水平持续提升。截至 2023 年 12 月底，国家两化融合公共服务平台服务工业企业 18.3 万家，数字化研发设计工具普及率达到 79.6%，关键工序数控化率达到 62.2%，培育 421 家国家级示范工厂、万余家省级数字化车间和智能工厂，建成全球四成的"灯塔工厂"。[①] 中国汽车产业在智能化方面取得了显著进展，一些汽车制造商引入了智能化生产线和机器人，实现了生产过程的自动化和智能化。同时，利用大数据和人工智能技术，对生产数据进行实时分析和优化，提高生产效率和产品质量。一些汽车企业还推出了智能驾驶汽车，提升了汽车的智能化水平，为消费者提供了更加安全、便捷的出行体验。

---

① 参见《国务院新闻办发布会介绍 2023 年工业和信息化发展情况》，国务院新闻办网站 2024 年 1 月 19 日。

（三）产业迈向绿色化

绿色化是指通过采用环保技术、推动循环经济等手段，使传统产业在生产过程中减少对环境的污染和破坏，实现可持续发展。石化化工、钢铁、建材等传统产业存在高耗能、高排放和高污染等盲目发展带来的环境污染问题，制约了我国经济社会高质量、可持续发展。党的十八大以来，党和政府高度重视生态文明建设，向国际社会郑重承诺"双碳"目标，积极推动绿色技术创新和应用，依靠科技创新促进传统产业绿色化转型取得了显著成效。截至 2023 年底，累计在国家层面创建绿色工厂 5095 家，产值占制造业总产值的比重超过 17%，光伏产业链主要环节产量连续多年保持全球第一，产业绿色低碳转型升级步伐持续加快。① 同时，全面推动资源高效利用。加快构建废弃物循环利用体系，鼓励有条件地区创建"无废园区""无废企业"。作为全球现代化程度最高、最具竞争力的钢铁企业之一宝钢集团，钢铁产量国际领先，绿色低碳更要国际领先。宝钢集团积极探索并掌握绿色低碳冶金关键核心技术，大力推进钢铁生产过程的清洁化和低碳化，打造未来钢铁引领新优势。

---

① 参见《国务院新闻办发布会介绍 2023 年工业和信息化发展情况》，国务院新闻办网站 2024 年 1 月 19 日。

（四）产业迈向融合化

融合化是指通过跨界融合、产业链整合等手段，使传统产业与其他产业或领域实现深度融合和协同发展。通过引入新技术、新业态、新模式等，不同产业或同一产业内的不同领域进行深度融合发展，深化业务关联、链条延伸、要素耦合和技术渗透。融合化升级，不仅能够大幅提升传统产业的附加值和竞争力，实现产业转型升级，还可以带来产品创新、流程优化、市场拓展等多方面的效益，促进新模式和新业态的发展。例如，汽车制造与增值服务的融入，提升了附加值和市场竞争力；文化与科技的融合，促进传统文化资源得以数字化、可视化、交互化，促进了文化产业的创新发展；零售业与互联网的融合，催生了电子商务、智能零售等新型业态，拓展了市场空间；医疗与互联网技术的融合，实现了远程医疗、在线问诊、健康管理、智能医疗等服务，提升了医疗服务的效率和质量；等等。未来一段时期，随着技术的不断进步和市场需求的不断变化，产业之间的融合将更加深入广泛。

2024年2月，在主持二十届中共中央政治局第十二次集体学习时，习近平总书记强调："要瞄准世界能源科技前沿，聚焦能源关键领域和重大需求，合理选择技术路线，发挥新型举国体制优势，加强关键核心技术联合攻关，强化科研成果转化运用，把能源技术及其关联产业培育成带动我国产业升级的新增长点，促进新质生产力发展。"① 新质生产力与产业深度转型升级是相辅相成、相互促进的，产业深度转型升级需求加速催生了新质生产力发展，新质生产力也是推进产业深度转型升级的核心驱动力。在新一代科学技术与数据要素共同作用下，新产业、新业态、新模式将会不断涌现，传统产业重塑变革持续推进，不断开辟发展新领域，持续塑造发展新动能新优势，已形成我国新的经济增长点，续写高质量发展的新篇章。

---

① 《大力推动我国新能源高质量发展　为共建清洁美丽世界作出更大贡献》，《人民日报》2024 年 3 月 2 日。

第三章

解码新质生产力的
核心要素

当前，推动高质量发展已经成为我国经济社会发展的首要任务，但制约高质量发展的矛盾堵点还大量存在。习近平总书记指出："科技创新能够催生新产业、新模式、新动能，是发展新质生产力的核心要素。"①"新质生产力"，"新"是相对于旧生产力而言，"创新"是其要义，具体可以体现在"新产业""新模式""新动能"，结果则反映在"质"上的飞跃。以战略性新兴产业及未来产业为代表的"新产业"、以高附加生产服务为代表的"新模式"、以颠覆性科技创新为代表的"新动能"，构成了新质生产力的核心要素，成为推动高质量发展的强劲支撑。

---

① 习近平:《发展新质生产力是推动高质量发展的内在要求和重要着力点》,《求是》2024 年第 11 期。

一、以战略性新兴产业、未来产业
为代表的新产业

2023 年 9 月 7 日下午，习近平总书记在黑龙江省哈尔滨市主持召开新时代推动东北全面振兴座谈会时指出："积极培育新能源、新材料、先进制造、电子信息等战略性新兴产业，积极培育未来产业，加快形成新质生产力，增强发展新动能。"[1]9 月 8 日上午，习近平总书记在听取黑龙江省委和省政府工作汇报时强调："整合科技创新资源，引领发展战略性新兴产业和未来产业，加快形成新质生产力。"[2]习近平总书记在连续两天的讲话中都强调要积极培育战略性新兴产业和未来产业。这充分彰显出战略性新兴产业和未来产业在加快形成新质生产力中的突出地位。战略性新兴产业和未来产业作为"新产业"的代表，在技术成熟度、市场应用阶段、成长路径以及对经济社会的影响等方面都有着显著的差异，但是它们都具有技术含量高、创新能力强、发展前景广、带动作用大等特点，都是新质生产力的主要载体，共同推动着经济社会的发展。

---

[1]《牢牢把握东北的重要使命　奋力谱写东北全面振兴新篇章》,《人民日报》2023 年 9 月 10 日。

[2]《牢牢把握在国家发展大局中的战略定位　奋力开创黑龙江高质量发展新局面》,《人民日报》2023 年 9 月 9 日。

（一）战略性新兴产业引领经济社会发展

战略性新兴产业是科技创新和转化应用的前沿阵地，它以重大技术突破和重大发展需求为基础，尤其是侧重解决"卡脖子"问题，突破技术壁垒，力图实现产业链的关键环节自主可控。战略性新兴产业不仅知识技术密集，而且物质资源消耗相对较少，展现出巨大的成长潜力和优异的综合效益，对提升国家产业的竞争力和抗风险能力、加快产业深化转型升级、带动经济社会全局和长远发展等发挥着举足轻重的作用。

当前，世界百年未有之大变局加速演变，国际发展环境严峻性和复杂性前所未有，我国正处于推动高质量发展、加快由大到强的转型攻坚期，大力培育发展战略性新兴产业，既是应对国际竞争挑战、塑造国际竞争新优势的战略需要，也是推动制造业高质量发展、加快建设现代化经济体系的有力支撑。围绕战略性新兴产业布局，中央和地方政府出台了一系列规划和方案。早在 2010 年 10 月，国务院就印发《关于加快培育和发展战略性新兴产业的决定》，强调"坚持创新发展，将战略性新兴产业加快培育成为先导产业和支柱产业""强化科技创新，提升产业核心竞争力"等；"十二五"规划纲要提出大力发展节能环保、新一代信息技术、生物、高端装备制造、新能源、新材料、新能源汽车七大战略性新兴产业；"十三五"规划纲要提出要让战略性新兴产业增加值占国内生产总值（GDP）的比重达到 15%；"十四五"规划纲要从新一代信息技术、生物技术、新能源、新材料、高端装备、新能源汽车、绿色环保以及航空航天、海洋装备九大产业领域方向进一步谋划了我国战略性新兴产业；党的二十大报告指出，"推动战略性新兴产业融合集群发展，构建新一代信息技术、人工智能、生物技术、新能源、新材料、高端装备、绿色环保等一批新的增长引擎"；2024 年《政府工作报告》也提出，要"促进战略性新兴产业融合集群发展……加快前沿新兴氢能、新材料、创新药等产业发展"。可以看出，战略性新兴产业一直在国家战略发展布局中位于核心地位。

近年来，我国战略性新兴产业呈快速发展状态。从空间分布格局来看，我国战略性新兴产业在全国东、中、西、东北部四大区域都有显著的发展，呈现多点开花的局面。这种广泛的分布格局不仅有利于实现区域经济的均衡发展，也有助于形成各具特色的区域经济发展模式。同时，特色产业集聚区的不断涌现，进一步加剧了这种空间分布格局的显现，为各地经济发展提供了有力的支撑。从投资和产值来看，我国战略性新兴产业在过去 10 多年间取得了显著的发展成果。其增加值占 GDP 的比重从"十三五"初期的 8% 左右，提高到"十四五"中期的超过 13%。[①] 这一增长趋势不仅凸显了战略性新兴产业在我国经济结构中的重要地位，也反映了我国对战略性新

---

① 参见经济日报调研组：《汇聚起产业创新的时代洪流——各地探索发展新质生产力调研（上）》，《经济日报》2024 年 2 月 29 日。

2023 年 7 月 10 日，大巴车在北京市大兴国际氢能示范区的全球日加氢量最大的加氢站加氢　中新图片／田雨昊

兴产业发展的高度重视和有效投入。2023 年，央企和地方国企在发展战略性新兴产业方面均加大了投资力度，央企的战略性新兴产业投资达到 2.18 万亿元，地方国企的投资额为 0.73 万亿元，分别占各自投资总额的比重为 35.2% 和 17.1%，并且央企战略性新兴产业营收占总营收的比重较 2022 年增加了 3.23 个百分点。[①] 这些数字清晰地表明，央企和地方国企都在积极响应国家关于发展战略性新兴产业的号召，通过加大投资力度来推动战略性新兴产业的快速发展。通过加强自主研发和创新，推动产学研深度融合，新能源汽车、锂电池、光伏产品、数字经济等新兴领域加快发展并形成一定领先优势，同时在重大装备、重要基础零部件、新材料等关键领域产业链建设持续走深走实，为经济发展提供了有力的支撑。

（二）未来产业代表未来科技和产业发展方向

"十四五"规划正式提出要谋划布局未来产业，提到包括类脑智能、量子信息、基因技术、未来网络、深海空天开发、氢能与储能等"未来产业"。相较于战略性新兴产业，未来产业更侧重于由重大前沿科技创新驱动，代表未来科技和产业发展新方向，有望催生一批产业新领域、新模式、新载体、新业态，对经济社会产生革命性

---

① 参见王希：《国务院国资委：国有企业改革深化提升行动实现良好开局》，新华网 2024年 2 月 22 日。

颠覆性变革。这些技术具有高度的战略性、前瞻性、突破性和颠覆性等特点，如人工智能、量子计算、生物科技等，性能更强、效率更高、成本更低、体验更好。但是，未来产业的产品和服务多处于概念验证、孕育萌发或产业化初期阶段，具有很大的不确定性和高风险性，其技术的成熟和商业化仍需在实践中加以验证。战略性新兴产业注重解决"卡脖子"问题，这些问题通常是制约一个国家和地区经济发展的关键技术和资源瓶颈，而未来产业更侧重探索科技"无人区"，实现"先发锁定""变道超车"和"换道领跑"。这事关国家未来产业发展制高点的争夺，必须及早谋划、前瞻部署。

当前，新一轮科技革命和产业变革深入发展，世界主要国家和地区都在加快布局未来产业。例如，欧盟发布了《加强面向未来欧盟产业战略价值链报告》，美国发布了《美国将主导未来产业》《关于加强美国未来产业领导地位的建议》《未来产业研究所：美国科学与技术领导力的新模式》，日本、韩国等国家也都在积极布局未来产业，试图通过掌握核心技术和标准来占据竞争优势。当前，我国进入新发展阶段，开启全面建设社会主义现代化国家新征程，前瞻谋划未来产业是全面贯彻新发展理念的内在要求，是加快构建新发展格局的战略抉择，是推动我国实现高质量发展的有效途径，更是培育新质生产力、建设科技强国、实现高水平科技自立自强的战略选择。尤其是在我国部分领域技术进入并跑、领跑新阶段，为抢占科技创新和产业发展制高点，必须大力发展未来产业以锁定"先行者优势"，塑造未来国家战略竞争新优势。2024 年 1 月，工业和信息化部等 7 部门发布了《关于推动未来产业创新发展的实施意见》，提出重点推进未来制造、未来信息、未来材料、未来能源、未来空间和未来健康六大方向产业发展，列出了人形机器人、量子计算机、新型显示、脑机接口、6G 网络设备、超大规模新型智算中心、第三代互联网、高端文旅装备、先进高效航空装备、深部资源勘探开发装备 10 大创新标志性产品，从国家层面全面布局未来产业，加速培育新质生产力。2024 年《政府工作报告》也明确提出："制定未来产业发展规划，开辟量子技术、生命科学等新赛道，创建一批未来产业先导区。"除了在国家层面统筹布局，北京、上海、浙江、安徽、深圳等地率先制定实施关于未来产业的措施规划，广东省在《关于推动未来产业创新发展的实施意见》印发后第一个出台未来产业政策，以 5 个独立文件的形式对国家六大未来产业培育部署进行了细化。全国各省市因地制宜、因时制宜，在全国统一大市场体系下科学决策、精准发力、体系布局，掀起了发展未来产业的良好势头。

总之，战略性新兴产业和未来产业作为"新产业"的代表，其核心都是以科技创新为核心的新质生产力与产业经济的深度融合，对经济社会发展具有先导性和支柱性。战略性新兴产业和未来产业是新质生产力的主要载体与现实体现，战略性新兴产业和未来产业的快速发展也需要新质生产力的不断创新和升级，从而开辟发展新领域新赛道、塑造发展新动能新优势。

量子计算机局部图　安徽省量子计算工程研究中心／供图

二、以高附加生产服务
　　为代表的新模式

党的二十大报告提出："构建优质高效的服务业新体系，推动现代服务业同先进制造业、现代农业深度融合。"随着社会分工的不断深化，服务已经成为社会生产力的重要组成部分。其中，作为与制造业紧密相连的配套产业，生产性服务业以其独特的优势和作用，为保障经济高质量发展、壮大先进制造业和促进新质生产力生成提供了重要的支撑。

（一）生产性服务业是全球产业竞争的战略制高点

作为从制造业内部生产服务部门独立发展而来的新兴产业，生产性服务业贯穿生产的全过程，从初期的研发设计、中期的生产管理到后期的市场营销和售后服务，其服务范围广泛且深入，贯穿生产、分配、流通、消费的各个环节，是现代化经济体系中不可或缺的一部分。生产性服务业具有专业性强、创新活跃、产业融合度高、带动作用显著等特点。当前，全球产业竞争日趋激烈，服务已成为制造企业维护竞争优势的核心环节，其竞争的范围也不再仅仅是产品或技术的竞争，生产性服务业成为全球产业竞争的战略制高点。

　　长期以来，发达国家在生产性服务业领域拥有深厚的积累和明显的优势，依靠其强大的研发设计能力、完善的商务服务体系和高效的市场营销网络，在全球生产网络和产品价值链中占据主导地位，获取了全球产业价值链中的大部分利润。同时，它们还通过全球采购、生产外包等方式，优化了资源配置，降低了生产成本。例如，苹果手机的生产环节涉及全球多个国家的供应链，包括组装、零部件制造等，但大部分的利润都被苹果公司所获取。苹果公司凭借其强大的研发设计能力、品牌影响力和市场营销网络，在全球智能手机市场中占据主导地位。尽管生产环节中的一些工作可能在成本较低的发展中国家完成，但这些环节的增值占比较低，大部分利润仍然流向了发达国家。在医药行业中，发达国家的跨国公司如辉瑞、礼来等也通过类似的模式获取高额利润。发达国家通过在生产性服务业、技术创新和品牌建设等方面的领先优势，为其占据全球价值链高端地位奠定了坚实基础。

　　从生产性服务业占比看，发达国家高度重视生产性服务业在制造业发展中的支撑作用，其生产性服务业占GDP的比重非常大。美国生产性服务业占GDP的50%以上。作为欧洲制造业强国代表的德国，其生产性服务业占GDP的比重长期维持在45%—50%，其他发达国家的生产性服务业增加值占GDP的比重也大体在40%—50%。这些生产性服务业都和高科技等制造业服务有关，说明全球产业发展中制造业与服务业日益融合。美国和欧洲等国家就是利用其发达的生产性服务业，构建完善的制造业价值链环节，形成了"闭环"

与"整链"的优势，有效地引领制造业的转型升级。然而，相对于西方发达国家，我国生产性服务业增加值占 GDP 的比重明显偏低。2022 年，我国制造业增加值占 GDP 的 27%，服务业增加值占 GDP 的 52.8%，而其中生产性服务业还不到 1/3，即生产性服务业占 GDP 的比重不到 18%，与美欧等西方国家相比差距还比较大。[①] 虽然说中国的制造业规模独霸全球，制造业的增加值占全球比重接近 30%，但是在生产性服务业方面发展相对滞后、建设水平不高、产业结构不合理等问题突出，与制造业强国相比还有差距，这也直接导致了我国长期在全球产业链和价值链中低端徘徊。

（二）生产性服务业是壮大先进制造业的重要支撑

先进制造业是新质生产力的重要载体，生产性服务业在推动先进制造业发展、加快新质生产力生成中确实扮演着至关重要的角色。加快推动生产性服务业与先进制造业深度融合，是我国由制造大国向制造强国转型升级的有效途径。

根据国家统计局印发的《生产性服务业统计分类（2019）》，生产性服务业分为 10 个大类、35 个中类和 171 个小类，主要包括研发设计与其他技术服务，货物运输、通用航空生产、仓储和邮政快

---

① 参见黄奇帆：《围绕新制造、新服务、新业态，推动新质生产力发展》，改革网 2024 年 1 月 8 日。

递服务，信息服务，金融服务，节能与环保服务，生产性租赁服务，商务服务，人力资源管理与职业教育培训服务，批发与贸易经纪代理服务，生产性支持服务 10 大类项目。生产性服务业为制造业的发展提供了高效、专业的服务。首先，生产性服务业的产业关联度高，贯穿制造业的上游、中游和下游诸多环节，包括研发设计、物流运输、市场营销、售后服务等，可以为先进制造业发展提供全方位的服务支持。其次，生产性服务业的跨界服务性强，能够打破行业壁垒，实现不同产业之间的融合与协同。生产性服务业中的信息技术、数据分析等服务可以为制造业提供智能化、个性化的解决方案和服务，推动制造业向数字化、网络化、智能化方向转型升级。同时，生产性服务业中的国际贸易、金融保险等服务为制造业提供跨境交易、风险管理等方面的支持，帮助制造业更好地融入全球产业链和价值链中。最后，生产性服务业是知识技术密集型的行业，聚集了大量的专业人才和创新资源。这些知识和技术通过生产性服务业的嵌入，能够渗透到制造业生产全过程，推动制造业的技术升级和产品创新。而且，生产性服务业还能帮助制造业提高生产效率，降低运营成本，进一步提升制造业的竞争力。总之，生产性服务业通过效率、质量和动力三方面的变革，以其独特的产业特性和服务方式，将知识资本、人力资本、技术资本等生产要素嵌入制造业生产全过程，为制造业的转型升级和高质量发展提供有力的支撑。

（三）推动生产性服务业向专业化和价值链高端延伸

"十四五"规划纲要明确提出："推动生产性服务业向专业化和价值链高端延伸。"生产性服务业作为构筑中高端价值链的核心，对于引领制造业抢占未来产业竞争制高点具有至关重要的作用。推动生产性服务业向专业化和价值链高端延伸，既是生产性服务业自身的内在发展规律，也是推动高质量发展、加快新质生产力生成的重要举措。

第一，聚焦提高产业创新力。加快发展研发设计、工业设计、商务咨询、检验检测认证等服务。生产性服务业作为知识密集型产业，创新是其发展的核心驱动力。高质量发展生产性服务业，必须在技术研发、设计服务、需求对接、产学研合作、解决方案提供等方面不断加强创新，以满足制造业和其他行业日益增长的高端需求，推动技术创新和模式创新。同时，紧紧依托生产性服务业的资源整合与协同创新能力，将分散的资源进行有效整合，形成协同创新的发展格局，以推动关键技术和突破性创新取得新进展，抢占产业竞争先机。

第二，聚焦提高要素配置效率。生产性服务业的发展离不开资本、技术、人才等要素的支撑。推动生产性服务业高质量发展，就是要优化这些要素在生产性服务业中的配置，促进要素自由流动和优化配置，使其发挥最大效能。这包括深化土地、资本等要素市场

2024 年 2 月 26 日，超大直径盾构机"甬舟号"在湖南长沙下线，将用于世界最长海底高铁隧道——甬舟铁路金塘海底隧道建设，这标志着中国制造业已具备了自主研发、创新设计的能力。图为"甬舟号"超大直径盾构机　中新图片 / 杨华峰

改革，打造一支既懂制造业又懂服务业的生产性服务业人才队伍，推动数据等新型生产要素的开发和利用，加强技术研发和成果转化等，进一步释放新型生产要素活力。

第三，聚焦增强全产业链优势。生产性服务业贯穿制造业生产的上游、中游和下游各个环节，是制造业价值链的重要组成部分。推动生产性服务业向专业化和价值链高端延伸，就必须增强全产业链优势，形成上下游协同、完整高效的产业链体系。加强产业链上下游企业的合作和协同创新，推动生产性服务业与制造业的深度融合，着力打造一批具有核心竞争力的生产性服务业集群和制造业集群。同时，要加强供应链的韧性和安全性建设，发挥生产性服务业在供应链、产业链和价值链重组中的引领作用，提高供应链的可靠性和稳定性，降低产业链风险。

三、以颠覆性科技创新
为代表的新动能

2024 年 1 月 31 日，习近平总书记在主持二十届中共中央政治局第十一次集体学习时强调："加强科技创新特别是原创性、颠覆性科技创新，加快实现高水平科技自立自强。""打好关键核心技术攻坚战，使原创性、颠覆性科技创新成果竞相涌现，培育发展新质生产力的新动能。"[①]"以科技创新引领现代化产业体系建设"作为 2023 年中央经济工作会议明确的九大重点任务的第一项，突出强调要以颠覆性技术和前沿技术催生新产业、新模式、新动能。新质生产力核心是创新，特征是高科技，但它不是一般意义上的简单创新，而是从 0 到 1、从无到有的原创性、颠覆性科技创新。以颠覆性科技创新为代表的"新动能"，正在引发深刻的产业变革和经济结构调整。

（一）颠覆性科技创新引领产业发展

当前，新一轮科技革命和产业变革加速演进，一大批重大前沿

---

① 习近平：《发展新质生产力是推动高质量发展的内在要求和重要着力点》，《求是》2024
年第 11 期。

技术、颠覆性技术持续涌现，在科技创新和产业发展深度融合中打破传统产业限制和瓶颈，引领传统产业变革升级，还催生出很多全新的产业领域，塑造未来产业新业态。

第一，颠覆性科技创新打破传统产业的边界，推动传统产业转型升级。每一次新技术的发明，既会对人们的思维方式和社会行为产生变革，也会对社会生产关系产生深刻变革。互联网技术的颠覆性创新打破了时空限制，催生了电子商务、社交媒体等全新产业，深刻改变了人们的购物和社交方式。人工智能、大数据、区块链等技术与传统产业的融合应用，也正在孕育出智能制造、智慧金融、数字经济等新兴产业，加速传统产业转型升级。新能源技术的颠覆性创新推动汽车产业的变革，从传统的燃油车向电动车转型，并带动了电池、充电设施等相关产业的发展。

第二，颠覆性科技创新创造出全新的产业领域，引领未来产业发展。颠覆性技术的产业化应用不断催生出新兴产业和未来产业。当前，类脑智能、量子技术、生命科学、未来网络等一大批颠覆性技术不断涌现并加速产业化，曾经只是出现在科幻小说、电影里面的概念和技术在现实生活中变成了现实，人形机器人、脑机接口、量子计算机、元宇宙等一大批标志性产品和未来产业不断涌现，开辟了产业发展新赛道，为建设现代化产业体系提供新引擎。

（二）颠覆性科技创新开创产业新模式

颠覆性科技创新往往对原有技术路线进行根本性颠覆，以此形成了一批颠覆性技术群，还会引发产品架构、商业模式和应用场景的全面变革。这种变革是全方位的，涉及产业链的各个环节，从而推动整个经济社会的发展和进步。

第一，颠覆性科技创新打破了传统商业模式的限制。传统的商业模式往往基于固定的产品和服务进行设计和运营，而颠覆性科技创新则打破了这种束缚，为商业模式的创新提供了无限可能。例如，ChatGPT4.0 的面世，催生了一大批具有颠覆性价值的"AI+"技术群，这种深度融合深刻改变了工业生产、教育、医疗、互联网、商业和军事等各个领域的发展方向。共享经济模式的出现，就是基于互联网和大数据技术的颠覆性创新。它打破了传统所有权和使用权的界限，使人们无须拥有车辆、房屋等资产就可以轻松享受相关服务，从而催生了滴滴出行、如祺出行等一大批共享经济平台。

第二，颠覆性科技创新推动服务模式的创新。随着科技创新和应用推广，科技创新与传统产业进行深度融合，催生出越来越多的应用场景和市场机会，推动服务模式的创新。例如，人工智能和大数据技术的广泛应用使远程医疗、精准医疗等新型医疗模式逐渐成为可能，大大提高了医疗服务的可及性和便捷性；在交通领域，自动驾驶和智能交通系统的研发和应用也彻底改变了人们的出行方式

2024 年 3 月 3 日，市民在北京城市副中心体验无人驾驶小巴车　中新图片 / 杨可佳

和交通管理模式。

第三，颠覆性科技创新推动生产模式的创新。随着物联网、大数据、人工智能等技术的不断发展，越来越多的企业开始将产品和服务进行数字化、智能化升级。这不仅改变了传统产品的形态和功能，还催生了全新的智能化服务模式。例如，智能家居企业可以通过智能化平台为用户提供更加便捷、更加个性化的家居生活体验；工业互联网平台则可以为企业提供设备监控、数据分析等智能化服务，帮助企业实现生产过程的优化和升级；数字化技术的应用使生产更加智能化和高效化，智能化的生产线、设备和机器人等在生产制造中的应用，能够提高生产效率、降低成本、提高产品质量，并推动生产方式的变革。

随着技术的不断进步和应用场景的不断拓展，颠覆性科技创新将催生越来越多的全新商业模式和服务模式，这不仅为消费者提供了更加便捷、高效的服务体验，还为企业创造了新的商业机会和发展空间。

（三）颠覆性科技创新塑造发展新动能

随着我国经济进入高质量发展阶段，外部环境不稳定性、不确定性此起彼伏，内部依靠劳动力、资本、资源等低成本要素驱动的传统经济增长动力逐渐减弱，促使经济发展的资源禀赋条件发生重大改变，迫切需要寻找新的增长点和发展动力。习近平总书记深刻指出："以科技创新开辟发展新领域新赛道、塑造发展新动能新优势，是大势所趋，也是高质量发展的迫切要求，必须依靠创新特别是科技创新实现动力变革和动能转换。"[①]实现高质量发展迫切需要转换经济社会发展新动能，由要素驱动向创新驱动转变，更多依靠科技创新来塑造发展新动能。

第一，颠覆性科技创新创造全新的产业领域和经济增长点。数字技术、人工智能、生物技术、大数据等催生了新能源、新材料、生物技术、智能制造、数字经济等新兴产业领域，这些新兴产业科技含量高、价值链附加值高，不仅具有巨大的市场潜力，还能带动相关产业的转型升级，形成产业链和产业集群，从而推动经济整体增长。同时，颠覆性科技创新衍生的未来产业，开辟了新领域，不仅为经济增长提供新的动力源，同时也为创新企业和投资者提供了新的机遇。例如，5G 作为支撑经济社会高质量发展的关键基础设施，充分发挥了"一业带百业"的重要作用。5G 行业应用已经融入74 个国民经济大类，在工业、矿业、电力、港口等行业规模复制，加速经济社会数字化转型。2023 年，5G 直接带动经济总产出达 1.86万亿元。[②]

第二，颠覆性科技创新提升传统产业的竞争力和附加值。通过

---

① 《推动新时代治蜀兴川再上新台阶　奋力谱写中国式现代化四川新篇章》,《人民日报》2023 年 7 月 30 日。

② 参见张维佳:《5G 网络建设贡献中国方案——"5G 这五年"系列报道之二》,《中国电子报》2024 年 5 月 21 日。

引入新技术、新工艺和新设备，推动传统产业向高端化、智能化、绿色化转型，培育新兴产业，打造现代化产业体系，不仅可以提高生产效率和增长质量，还可以创造更多的就业机会和社会财富。同时，加强产业链上下游企业的协同创新，形成产业链优势，提高整个产业的竞争力和附加值。如新能源汽车使用电能作为动力源，实现了零排放，彻底改变了传统燃油车因燃烧化石燃料而产生尾气污染的格局，以其环保、高效、智能等优势，成功打破了传统燃油车的垄断局面，创造出一个全新的赛道。

第三，颠覆性科技创新满足人民日益增长的美好生活需要。坚持以人民为中心，这既是科技创新的价值导向，也是实现高质量发展的内在要求。颠覆性科技创新在推动社会进步和民生改善方面发挥了重要作用。在医疗健康领域，基因编辑、细胞治疗等颠覆性技术的创新和应用，有望攻克一些难以治愈的重大疾病，提高人们的健康水平。在交通出行领域，自动驾驶、智能交通等颠覆性技术的创新和应用，可以提高交通效率和安全性，改善人们的出行体验。

第四章

赋能新质生产力
发展的驱动引擎

培育发展壮大新质生产力既是一项系统工程，又是一项长期艰巨任务。习近平总书记在主持二十届中共中央政治局第十一次集体学习时强调，科技创新能够催生新产业、新模式、新动能，是发展新质生产力的核心要素。要及时将科技创新成果应用到具体产业和产业链上，改造提升传统产业，培育壮大新兴产业，布局建设未来产业，完善现代化产业体系。要坚持系统观念，以科技赋能为基础，以创新引领为核心，以前瞻布局为方向，不断激活发展新质生产力的驱动引擎，形成健全完善的现代化产业体系，实现高质量发展。

一、科技赋能改造提升
　　传统产业

当前，新一轮科技革命和产业变革加速演进，科技创新在经济社会发展的重要性日益凸显。科技创新既可以为我们在国际竞争中赢得主动、占得先机，也是建设现代化产业体系、推动新质生产力发展的核心。发展新质生产力，就要加强科技赋能，推动传统产业转型升级。

（一）科技创新赋能是传统产业改造提升的需要

随着我国进入新发展阶段，科技创新推动产业创新是实现经济高质量发展的必然要求。当前，新旧动能转换成为经济高质量发展的关键，面对劳动、资本等传统要素投入增长动能减弱，加快科技创新是形势所迫、刻不容缓。

第一，传统产业的改造提升离不开科技创新。传统产业作为制造业的基本盘，为经济社会发展发挥了重要作用，但也存在不少问题，表现在低端产品过剩，高端供给满足不了需要，发展模式粗放，容易受到出口市场的冲击。只有重构发展路径模式、重塑产业竞争优势才能解决上述问题。二十届中央财经委员会第一次会议指出，推动传统产业转型升级，不能当成"低端产业"简单退出。传统产业转型升级的核心在于提升效率效益。2023年，我国规模以上工业企业营业收入利润率为5.76%，其中，农副食品加工业为2.57%，纺织业为3.67%，计算机、通信和其他电子设备制造业为4.24%。[①] 改造升级传统产业，需要在技术、工艺、装备、产品等方面加大投入，进一步实现增效、提质、调优的发展目标，必须在高端、智能、环保技术领域进行创新，才能保证传统产业"向上""向优""向新""向绿"的改造提升，从而更好地满足高端化品质化差异化的市场需求。

第二，科技创新攻关实现产业自主可控。跨国公司在产业链管理和供应链控制方面的优势地位随着经济全球化的不断推进而更加显著。发达国家牢牢掌控着技术难度大、市场壁垒高、产业生态封闭的高精尖产业。我国的一些重点产业在关键技术、重大装备、核心材料、基础零部件上有比较高的对外依赖度，产业链供应链稳定运行存在比较大的安全风险。根据海关总署数据，2023年，我国集成电路进口额为24590.7亿元，远超集成电路出口额。[②] 而要实现产业自主可控，关键在于缩小国内外技术差距。只有在突破"技术关"的基础上，才能逐步突破"品质关""市场关"。要加强创新资源和产业要素的整合，围绕关键技术领域攻关，通过利用科技手段促进科技、产业、市场的有机结合，达到打通产业断点、畅通协作堵点、

---

① 参见刘泉红、徐建伟:《统筹推进科技创新和产业创新》,《经济日报》2024年2月28日。
② 同上。

在"十四五"规划纲要中，"科技创新"作为中国未来发展的关键词之一，被重点提及。如今，关键领域核心技术已成为中国科技攻关的重点，努力实现更多"从 0 到 1"的突破。图为第 18 届中国（天津）国际装备制造业博览会开幕，激光切割机吸引参观者　中新图片 / 佟郁

补齐发展薄弱点，通过科技自立自强为产业链供应链安全稳定保驾护航。

第三，科技创新助力突破产业新赛道布局。新一轮科技革命和产业变革的加速演进，使科技创新、产品开发、生产制造等环节的兼容性得到显著提高，大幅缩短了从科技创新到产业化应用的周期，创新链产业链深度融合是高质量发展的大势。新一轮产业发展竞争以科技创新竞争为基础，科技创新转化为产业赛道优势就能极大地释放增长潜能。全球经济贸易分工格局正在进一步调整，新的产业竞争领域成为各国加快布局、竞相发展的重点方向，也是我国实现超越、率先崛起的机遇之窗，对我国建设现代化产业体系、打破以往国际分工体系制约、抢占全球新一轮产业发展制高点产生了极为重要的影响。传统产业必须借助颠覆性、前沿性技术，实现包括产业链、资金链、人才链在内的全方位创新发展，从而形成从科技创新到产业化再到市场应用的全生态发展优势，在国际上形成具有主导性和话语权的新优势产业。

（二）改造提升传统产业面临的主要矛盾问题

传统产业主要是指制造业和加工业，主要是以劳动密集型为主体的实体经济。建立新发展模式，贯彻新发展理念，实现高质量经济增长，其核心就是对传统产业的改造和升级。但从实际情况看，传统产业的改造提升还面临许多矛盾问题，一些事关长远的基础性、制度性保障举措还有所欠缺，制约着传统产业的改造提升。

第一，传统产业数字化改造存在技术瓶颈。推动传统产业数字化转型可以创造新的投资机会，同时促进技术创新和产业变革，推动内需的扩大。但我国传统产业数字化改造面临技术阻碍。一方面，技术设备受外部因素制约程度高。芯片是现代工业的灵魂，目前国际领先技术已经实现 3nm 量产工艺，而我国尚在寻求 14nm 工艺自主可控，且相关技术和设备一直被有关国家死死卡住"脖子"。核心技术设备受制于人就会造成高昂的技术专利费、设备购置费，推高了数字化转型成本。另一方面，传统制造业的生产环节、数字化和自动化程度较低。一些关键生产环节的自动化、信息化解决方案缺失，在应用上与发达国家仍有不小差距。如绝大多数制鞋企业在涂胶环节仍采用手工方式，与采用机械手臂自动涂胶相比，不仅在速度、均匀度和精确性上相差许多，而且成本至少要高出 50%。

第二，传统产业高端化受到创新能力制约。我国不少传统产业处在产业链的中低端，高端产品满足不了供给需要，就是因为创新能力不够。一方面，缺乏完善的产业创新体系。目前，我国产业链上下游多个领域尚未形成紧密合作，企业之间没有联合研发，没有形成以大企业为主导的产业分工协作体系，更没有形成以龙头企业需求为导向、协同联动、共赢共生的创新生态体系，传统中小企业多是各自为战。行业发展陷入同质化竞争，在产品设计、材料开发、新技术应用等环节，中小企业大多缺乏原创性的创新。不少企业不能跳出"加工制造"的圈子，没有多少品牌价值。例如，纺织印染

第二十五届中国国际高新技术成果交易会上展示的中国芯片　中新图片 / 王东元

行业整体上还停留在贴牌模式，大多是布行做贸易、染厂做贴牌，设计研发投入不足，尚未建立应对服装时尚快消趋势的小批量、多品种、个性化的生产经营模式。

第三，制造业企业技术改造缺乏法治保障。作为产业升级、技术改造的主体，企业主要依靠产业政策支持企业技术创新，但受治理惯性、区域差异等因素影响，制度化的顶层设计不够到位，制造业企业技术改造的法治保障还不够健全。促进企业技术改造的规范性文件，约束的是政府有关部门，缺乏对企业技术改造的激励，不能及时跟进新技术新变化，效率不高。工业企业在进行技术改造时需要来自各方面的数据支持，目前对工业互联网数据的利用和保护立法尚待完善，在专门的法律法规中还没有明确界定工业数据的所有权、管理权、收益分配权，也缺乏对交易、流转、保护等相关细则的明确规定，法治缺位造成了企业技术改造的不确定性。

（三）以科技创新实现传统产业的改造提升

改造提升传统产业既是调整产业结构、推动新旧动能转换接续的主要任务，也是稳定经济增长的关键举措。传统产业转型升级的根本动力是科技创新，必须抓住新一轮科技革命和产业变革带来的历史性机遇，促进传统产业改造提升，为经济高质量发展提供更强大动能。

第一，强化高端发展培育传统产业新动能。推动传统产业由中低端向中高端迈进，要切实解决好传统产业发展不规范、产品技术含量和附加值不高等问题。传统产业转型升级的关键在于向高附加值迈进，同时也要实现从高耗能高污染向低耗能低污染的转变。在当前新的产业革命背景下，市场呈现出更加多元化、个性化的需求，产业发展从粗放式向集约化升级。工业和信息化部资料显示，我国产业结构不断优化升级。钢铁行业干熄焦、烧结余热发电等技术逐渐普及，石化行业在应用层面不断升级，包括千万吨级炼油、百万吨乙烯等大型化设备水平持续提高。在新一代信息技术、高端装备、新材料、新能源等领域，已建成 45 个国家先进制造业集群，这些主导产业累计实现产值 20 万亿元。[①]

第二，突出智能转型厚植传统产业新优势。不断加快智能化升级进程、补齐产业短板、培育智能制造新模式、打造产业新优势、提升企业核心竞争力，是推动传统产业智能化变革的发展大趋势。截至 2023 年底，我国建成了 62 家"灯塔工厂"，占全球"灯塔工厂"总数的 40%，培育了 421 家国家级智能制造示范工厂、万余家省级数字化车间和智能工厂。[②] 智能工厂、数字化车间在提升要素生产率、发展新质生产力方面作用明显。智能化需要新一代信息技术的支撑，对传统产业进行全方位、全链条、系统化改造升级，构筑起智能化

[①] 参见《国务院新闻办就 2023 年上半年工业和信息化发展情况举行发布会》，国务院新闻办网站 2023 年 7 月 19 日。

[②] 参见《国务院新闻办发布会介绍 2023 年工业和信息化发展情况》，国务院新闻办网站 2024 年 1 月 19 日。

2023 年 6 月 28 日，全球首台 16 兆瓦海上风电机组在三峡集团福建海上风电场顺利完成吊装任务。这标志着中国海上风电在高端装备制造能力、深远海海上风电施工能力上实现重要突破，达到国际领先水平　中新图片 / 吕明

转型的新优势，全面支撑新型工业化发展。

第三，完善实现传统产业数字化改造提升的体制机制。面对产业转型升级的历史关口，必须不断完善体制机制，推进科技赋能传统产业转型升级。加强战略谋划，提供重要导向，推进工业数字化进程，突出前瞻性、战略性和全局性，加强对传统产业数字化转型的政策引导，完善相关治理体系，为规范产业数字化转型提供重要保障。深化科技体制改革，激发自主创新动力和活力，实施多领域、多部门、多形式联合攻关，为核心数字技术攻关创造有利条件。加快新型数字基础设施建设，夯实传统产业数字化转型基础。加快推进城乡网络宽带改造升级，全面提升互联网基础设施水平和运行效率，加快建设数据综合平台和产业互联网平台，大力培育数字技术人才，增强传统产业数字化转型的内生动力。

二、创新引领培育壮大
新兴产业

从党的二十大明确"建设现代化产业体系",到 2022 年中央经济工作会议部署"狠抓传统产业改造升级和战略性新兴产业培育壮大",再到提出"新质生产力"……在全面建设社会主义现代化国家新征程上,产业升级布局工作正在展开。当前,我国正处在新旧动能转换的关键节点上,要把科技创新引领摆在更加突出的位置,加快培育壮大新兴产业,激发更加强劲的发展动能。

(一)谋划好新兴产业的发展思路

着眼 2020 年到 2035 年,我国经济实力、科技实力大幅进步,瞄准创新型国家的战略前景,"十四五"时期新兴产业要以提高产业创新能力、坚持开放融合发展为基本方向,以筑牢产业安全体系、破解产业发展问题为根本任务,以集中优势资源实施重大攻关、打造世界级产业集群为主导方向。

第一,明确新兴产业的发展定位。着眼于"十四五"乃至更远的未来,作为我国现代化经济体系建设的新支撑,新兴产业能有效破解经济社会发展不平衡、不充分的难题。"十四五"期间,将全面贯彻新发展理念，重点培育壮大新兴产业，主要包括引导信息技术更加深入地与实体经济融合，如互联网、大数据、人工智能等。推动粤港澳大湾区、长江经济带、长三角等国家重点区域和京津冀地区世界级产业集群蓬勃兴起。把做强产业基础、做大产业规模作为新兴产业发展的优先方向和着力点，确保产业安全和今后的优势。必须加大培育发展力度，集中优势资源与骨干力量，积极引导企业抢占产业技术的制高点，运用好全球范围内的创新资源，全面提升我国在全球创新格局中的位势。

第二，设计好新兴产业的发展路径。中国要实现高质量的新兴产业发展，解决好新兴产业发展中的瓶颈问题至关重要。坚持以创新驱动发展战略为指引，努力夯实产业发展的安全基础，力争到2025年实现产业关键核心技术自主可控，摆脱产业发展不利局面，助力新兴产业高质量发展。以聚焦核心技术和关键产业为目标，加强基础和应用研究，力争在关键技术、前沿技术、工程技术和创新技术等方面取得突破性进展。不断优化国家自主创新体系，强化产品研发能力，加快构建以企业为主体的创新体系，以产、学、研、用一体化为主要特征，不断提高自主创新能力。重点推动引领我国产业向全球价值链高端迈进，培育若干世界级先进制造业集群的无人驾驶汽车、增材制造、生物技术、量子计算和通信等前沿技术与产品。为提升我国新兴产业的国际竞争实力，要积累动力，优化资源利用，营造创新氛围，积极参与国际合作与竞争。

第三，把准新兴产业发展方向。当前，面对复杂的国际环境和经济形势发展，中国新兴产业发展面临各种挑战。新兴产业的发展需要优先考虑提升创新能力、建设国际一流产业集群、构建完善的产业安全体系。要围绕保障新兴产业实现高质量发展，建立新兴产业创新发展体系，把工作重点放在产业共性技术、产业瓶颈技术以及重点领域的前沿跨领域技术上。2035 年，中国将成为创新型领先国家，经济发展将迎来根本性转变，社会发展水平将显著提高，国际竞争力显著增强。只有抓住科技进步和产业变革的历史性机遇，在引领产业主体进入全球价值链中高端地位的前沿领域和颠覆性技术领域进行全方位布局，才能实现新兴产业的发展。要围绕集成电路、人工智能、生物医药等重要领域，形成先进技术体系，加强基础研究和前沿研究，在产业核心技术突破层面实现和世界同步，建成类别多样、覆盖面宽、联系紧密的新兴产业集群。

（二）创新引领战略性新兴产业发展

战略性新兴产业是指以重大技术突破和重大发展需求为基础，对经济社会全局和长远发展具有重大引领带动作用、成长潜力巨大的产业。为了有效促进战略性新兴产业发展，必须实施创新驱动发展战略，强化重大前沿科技突破。要紧盯产业前沿领域，谋划发展前景，开展具有前瞻性、战略性的创新与变革。要注重从宏观层面把控战略性新兴产业的发展态势，形成产业良性发展的生态，落实好促进战略性新兴产业集群发展、形成产业竞争新优势的各项支撑保障。

第一，加强战略性新兴产业设计布局。要从战略高度出发，针对不同地区特点，制定适合的发展规划，推动战略性新兴产业集群建设，促进战略性新兴产业发展。搞好产业空间布局，依托地方比较优势，规范产业发展空间分布，重点打造特色优势产业集群。做好支撑战略性新兴产业发展核心要素的超前谋划，做好量子信息、氢能源及储能、类脑智能、未来网络等面向未来新兴产业的战略布局。强化重点项目管理，突出重大项目储备和分类指导，形成战略性新兴产业重大项目动态管理储备库。加大战略性新兴产业创新建设力度，发挥各类科技企业孵化器、大学科技园和中小企业创业基地作用，打造一批空间规划合理、发展特色明显、产业链条完整的专业化园区。

第二，加大战略性新兴产业关键技术研发力度。战略性新兴产业代表着新一轮科技革命和产业变革的发展方向。为促进科技资源整合和优势互补，加强产学研联合开展技术攻关，积极构建以企业为核心、市场为导向、产学研相结合的技术创新体系。致力于战略性新兴产业相关技术的研发和创新，以支撑和引领产业发展，力争在关键技术领域取得突破，实现产业化目标。构建形成以龙头企业为核心的开放式创新网络，发展主体利益共享、风险共担、合作共赢的创新文化，不断推动创新成果持续取得突破性进展。借助和利用好全球创新资源，紧盯高端环节，打造一批科技创新产品，通过科技创新抢抓产业发展制高点。以此为基础，扶植培育相关领域战略性新兴产业。

第三，打造战略性新兴产业融合集群。着力推动新一代信息技术、新材料、新能源、生物医药、高端装备制造等战略性新兴产业集群发展，培育形成世界级先进制造业集群。发挥龙头企业在集群体系中的整合和带动作用，在形成上下游企业发展产业链的同时，帮助龙头企业开拓新兴产业市场。借助和利用产业集群的集聚效应与科技外溢效应，达成人才、技术、资金等的有机结合，实现效益最大化。要抓好信息化与新型工业化融合，为战略性新兴产业发展提供有力支撑，打造具有国际竞争力的数字产业集群，加快数字经济发展步伐。加强集群间的跨区域、跨领域合作，力争在行政区划限制的重点产业簇群取得突破，创建战略性新兴产业集群品牌。形成战略性新兴产业增长新格局，促进区域经济转型发展。

第四，加强战略性新兴产业发展体系支撑。综合运用财政、土地、金融、科技、人才、知识产权等政策措施，整合技术、资金、场地等要素资源，形成法规健全、信用和标准成体系，协同支持战略性新兴产业集群发展的新格局。创新战略性新兴产业发展的投融资体系，在加大对基础前沿技术研究支持力度的同时，政府和社会力量进行多元投入，促进战略性新兴产业投资规模持续增长。健全知识产权政策体系，发展知识产权服务业，促进科技成果的专利产出和利用。形成战略性新兴产业创新人才引进、培育、使用、激励和评价考核体制机制，抓好高层次专业人才认定、奖励、补贴等政策的落实。搞好高层次专业人才引进，集聚高端人才要素，形成"工学结合、学训交替"的可持续发展模式。建设战略性新兴产业国家创新中心，打造一批重点实验室、工程研究中心、企业技术研发中心，用好重大科研基础设施共享机制。

第五，构建战略性新兴产业发展融合体系。加大战略性新兴产业政策及其他相关政策的配合力度，促进产业政策向产业链的前后端延伸。优化产业分类，完善战略性新兴产业集聚发展的动力机制、合作机制、激励机制、风险控制机制、考评机制，健全统计监测体系。支持领军企业积极参与国际标准修订，推动国内标准向国际化方向发展，推动在若干领域建立引领能力突出的产业标准和认证体系，促进国内标准与国际标准的相互认可，增强我国在国际市场上的话语权。构建综合服务平台，建立高效协作的平台生态圈，实现各类要素资源的有效聚集，以保障技术、信息、知识、数据等要素的交流互动，促进集群内企业创新资源的共享。统筹战略性新兴产业集群发展和城市群、都市圈建设，促进产城融合、产城互促、共同发展。推动先进制造业集聚发展，推动科技与产业深度融合、数字经济与实体经济加速融合、制造业与服务业全面融合，构建一批各具特色、优势互补、结构合理的战略性新兴产业增长引擎，更好引领战略性新兴产业发展。

山东省青岛市海西湾集聚了一批国字号船舶海洋工程装备制造龙头企业，形成了以海洋工程
装备制造和修造船为主，船舶配套以及技术研发同步发展的船舶海洋工程装备产业集群。图
为海西湾船舶与海洋工程产业基地　中新图片 / 韩加君

三、超前布局统筹建设
未来产业

未来产业，是建设现代化产业体系、抢占未来科技制高点、争夺产业主导权的关键。未来产业代表着新一轮科技革命和产业变革方向，是全球创新版图和经济格局变迁中最活跃的力量。面对世界百年未有之大变局加速演进，着眼于抢占未来产业发展先机，就要主动顺应新一轮科技革命和产业变革趋势，积极培育未来产业，加快形成新质生产力，增强发展新动能。

（一）认识把握未来产业的特征

未来产业是重大前沿科技创新成果产业化的产物，以前沿创新为支撑，富有发展活力和市场潜力，以满足当下和未来经济社会发展需求为目标，对生产生活影响巨大、对经济社会发展具有全局带动和引领作用，具有以下三个方面的特征。

第一，创新是未来产业发展的根本动力。未来产业以创新为核心，不断探索新的技术、商业模式和应用场景，推动产业的发展和升级。随着新兴技术的不断发展，未来产业将不断涌现出新的技术、商业模式和应用场景，形成新的发展增长点。未来产业的发展主要是通过颠覆性的技术突破和产业化，依托技术之间、技术与产业之间的深度融合而实现的。相较于常规化研发投入，未来产业的创新活动主要表现在原创性、前沿性、颠覆性、系统性、融合性上，是由材料革命、基础设施更新、通用技术迭代和生产组织方式再造互促共融的跨学科、跨组织创新，集中体现的是科技的群体性突破。从新一轮科技革命和产业变革的发展方向可以看到，目前支撑未来产业发展的通用技术还在不断变化，除数字技术外，生命健康、能源、材料等多个维度都在通过创新而酝酿接近于通用技术的关键技术。未来产业将引导市场主体向更先进的生产力聚集，催生新技术新产业新业态新模式。

第二，依托新科技是未来产业的发展支撑。未来产业的发展过程，本质上是一个前沿技术突破，进而加速产业化的过程。未来产业是借助新科技发展起来的产业，对传统技术具有颠覆性影响，未来产业一旦成熟，将会释放出极强的爆发力，对经济、社会、生活等产生广泛的带动作用。未来产业依托科技创新实力，能够实现核心技术的自主可控，特别是在人工智能、物联网、生命健康、新能源、先进材料、智能芯片、3D打印、混合显示、自动驾驶、航天航空等领域，能够形成未来产业发展的新优势。新科技是未来产业发展的重要支撑因素，通过大规模的新技术保障，可以在类脑智能、量子信息、基因技术、未来网络、深海空天开发、氢能与储能等前沿科技和产业变革领域，组织实施未来产业孵化与加速计划，谋划布局一批未来产业。依托新科技支撑，通过建立未来产业先导区、试验

深海技术的不断创新,深海科学的飞跃发展,为人类进一步认识海洋、开发海洋创造了条件。图为"深海勇士号"4500 米级载人潜水器,它是继"蛟龙号"之后我国第二台深海载人潜水器　中新图片 / 中国国家文物局

区、示范区来引领未来产业的发展布局，设立未来产业专项项目、专项基金以支持未来产业的重点领域加速发展等。

第三，未来产业有巨大的发展潜力。当前，未来产业正在沿着未来技术产业化、传统产业未来化等发展路径加快演变，不仅表现出明显的先发优势、强大的前后向带动效应和产业赋能能力、广阔的发展前景，还将帮助我们不断突破认知极限和物理极限，提升社会生产力水平，拓展新的发展和生存空间。我国在通信网络、人工智能等前沿领域取得重大成果，在部分领域形成与发达国家同步并跑甚至领跑的态势，必将为未来产业发展提供坚实的技术支撑。今后 5 年至 10 年有望培育发展一批产业规模大、带动能力强的万亿元级新支柱产业，并通过技术赋能推动我国从"制造大国"迈向"智造强国"。

（二）发挥好超前布局建设未来产业的优势

党中央、国务院高度重视超前布局建设未来产业。超前布局建设未来产业是技术创新与制度创新的耦合，对培育新增长点、开辟新赛道、推动产业转型升级具有重要意义。必须立足于本国国情，充分发挥我国在体制机制、科技创新、市场应用、产业基础等领域的优势。

第一，集中力量办大事的体制机制优势。超前布局建设未来产业是我国把握新一轮科技革命和产业变革机遇的战略选择。作为社会主义国家，我国具有集中力量办大事的优势，这也是超前布局建设未来产业的制度优势。从产业规划布局来看，通过国家发展规划、专项规划、年度计划以及重大工程、重大项目、重大改革，搞好国家产业总体战略规划，超前部署、着力培育一批事关国家长远发展的未来产业。从技术资源方面看，通过发挥制度优势，集中优质资源建设大科学装置，构设适应未来产业发展需要的新型研发机构，落实重大科研计划，统筹国家战略科技力量，从而大幅度提升科技攻关体系化研究创新能力，在若干重要领域形成竞争优势，从而为未来产业布局赢得战略主动。从产业转化方向看，通过发挥制度优势，能够调动中央企业与地方国有企业将科技创新和产业发展的重点放在未来产业领域，引导地方政府加大对未来产业的扶持力度，从而在全国形成支持未来产业发展的整体力量。

第二，超大规模市场应用的成果转化优势。作为发展中的社会主义大国，我们要把前沿技术转化为未来产业，就离不开超大规模市场这个未来产业发展的关键动力。从经济体量看，2023年中国GDP超过126万亿元，同比增长5.2%，稳居世界第二大经济体。超大规模市场能够满足未来产业的潜在需求，为前沿技术产品提供充分的市场。此外，多样化的应用场景需求能够形成更多未来产业技术路径，达到多技术路线同台竞技、不断演进，从而带来技术创新和应用场景的进一步发展。2023年9月20日，中国企业联合会、中国企业家协会连续第22次向社会发布了"中国企业500强"榜单。2023年中国企业500强规模继续保持增长态势，资产总额399.77万亿元，比 2022 年 500 强增加了 27.24 万亿元，增长了 7.31%。此次名单中，千亿级企业首次超过 50%。[①] 这样超大规模的企业发展格局，必将为未来产业布局提供成果转化优势。

第三，健全完善的工业体系产业配套优势。我国作为全世界唯一拥有联合国产业分类中全部工业门类的国家，拥有全球最完整、规模最大的工业体系和完善的配套能力，这是培育未来产业的坚实根基。随着未来产业技术路线的逐步成熟，快速形成规模化、产业化优势就成为未来竞争的关键。门类齐全的工业体系和巨大的工业规模，是实现前沿技术转化的重要支撑。必须依托配套产业链，将新产品快速大规模产业化并在产业化过程中通过改进工艺、降低成本来提高技术性能。我国在长三角、珠三角、环渤海等地形成了许多具有国际竞争力的专业化产业集群，这些产业集群的形成发展，能够进一步发挥集聚效应，极大地促进前沿技术向大规模生产阶段转化，进而增强最终产品的综合竞争力。

第四，良好的未来产业营商环境优势。培育未来产业，就好比要把一粒种子培育成一棵参天大树，需要适宜的温光水气。进入新时代，我国市场化、法治化、国际化营商环境的不断优化，为未来产业的发展壮大提供了良好条件。各部门、各地方从企业实际需求出发，打造市场化、法治化、国际化营商环境，为培育和激发经营

---

① 参见赵熠如：《2023 年中国 500 强企业发布　千亿级企业首次过半》,《中国商报》2023 年 9 月 22 日。

主体活力，推动高质量发展提供了有力支撑。此外，我国多层次的资本市场体系为未来产业企业发展注入动能，风险投资在科创企业发展初期发挥着关键支持和引导作用，有助于更好适应科技革命和产业变革新趋势，推动我国经济结构优化升级、新旧动能转换、质量效率提升，为经济高质量发展打下坚实基础。

（三）统筹谋划未来产业的发展路径

统筹谋划未来产业的发展路径，是我国形成全球竞争新优势、抢占国际竞争制高点的战略要求，也是我国打造经济增长新引擎、建设现代化产业体系的关键。必须统筹做好未来产业的发展规划，切实推动未来产业更好更快发展。

第一，打牢未来产业发展的技术基础。以科技创新为核心的大国竞争正在加剧，发达国家纷纷加快对未来技术制高点的争夺。要实现未来产业的大发展，国家要加大对基础研究和原创研究的支持力度，突出需求牵引和问题导向，完善科研任务选题机制，使重大科技问题带动与好奇心驱动的基础研究相互促进，筑牢未来产业创新发展基础。搞好国家战略科技力量的统筹规划，加快国家重点实验室建设，抓好源头性技术、颠覆性技术的产业化应用，力争在量子科学、先进计算等领域孵化一批国际领先的新创企业。规划好科技创新，依据产业技术成熟度明确政府和市场的责任分工，推动未来产业的推广发展。加大未来产业人才培养力度，完善高校高素质人才、科技人才培养计划，调整应用学科布局，健全人才评价体系，积极扶持新兴学科、冷门学科和薄弱学科的发展，引导高校针对人工智能等未来产业增设以细分领域为研究方向的院系或专业，促进学科交叉融合，开展跨学科领域研究。

第二，形成未来产业培育的创新体系。鼓励有关地方因地制宜研究制定产业建设方案，分层次、体系化、系统化统筹和推进未来产业发展所需人才、资金、知识产权等要素布局。加大对创新型、引领型新兴企业的支持和引导力度，鼓励企业扩大研发投入，支持有条件的企业开展基础研究和关键核心技术攻关，进一步拓展新一代信息技术、智能制造技术、产业强基关键技术等典型新技术应用，鼓励发展新业态、新模式的未来产业。完善贯通基础研究、应用研究和技术创新各环节的创新平台体系，聚焦重点领域关键核心技术和产业发展急需的科技成果，优先支持社会公益性、行业共性技术攻关和成果转化项目。健全知识产权评估体系，改进知识产权归属制度，落实并规范防止知识产权滥用的相关制度。优化产业引资环境，精准落实科技创新和产业发展的优惠政策，增强企业创新发展信心。

第三，探索未来产业发展的组织模式。探索未来产业发展的组织模式，是统筹谋划未来产业的重要途径。通过探索科研院所、高等院校和企业研发力量的协作模式的建设，设立未来产业研究院，形成各创新主体与区域产业体系之间的关联，构建点线面布局、有机联系的未来产业网络系统。鼓励多元化主体参与未来产业的发展研究，支持高校、科研院所设立未来研究中心，在大型科技企业设立未来研究实验室，充分发挥科技的先发优势。鼓励设立产业联盟，着力构建政府推动、龙头企业引领、市场化运作的集群发展模式。继续加快培育一批产业标杆企业，选择一批比较优势明显的企业，通过技术创新、规模扩张和并购重组，使之成为具有国际竞争力并引领行业发展的标杆企业。充分发挥战略科技力量和龙头企业的带头作用，推动加快自主创新产品推广应用的"迭代"工程，超前布局前沿未来技术和颠覆性技术，建设一批面向未来产业的新型研发机构和新型服务业平台。

第四，健全完善未来产业发展的政策体系。健全完善的政策制度是未来产业发展的重要保证。在明确未来产业内涵和外延的基础上，尝试建立未来产业统计核算和发展评估体系，并依托第三方组织开展相关工作。统筹各地已布局的未来产业，选择具备一定基础研究能力，以及智能化、数字化发展基础较好和组织经验丰富的城市，开展试点示范，以应用示范带动未来产业的创新发展。围绕重点领域和行业发展需求，加快建设一批专业水平高、服务能力强、产业支撑力大的产业公共服务平台，通过可靠性试验验证、计量检测、标准制修订、认证认可等服务，为未来产业发展提供建设思路。营造未来技术研究的浓厚氛围，组织有世界影响力的科技创新研究活动，举办全球未来论坛，鼓励科学家开放性地探讨未来研究的方向和路径。发挥专业智库优势，开展未来技术预测、未来产业发展战略及模式的研究，形成对未来产业发展的决策支撑。

第五章

布局发展新质生产力的
战略任务

为了在未来竞争和发展中赢得战略主动，我国必须抢占新一轮全球科技革命和产业变革的制高点。为此，习近平总书记在主持二十届中共中央政治局第十一次集体学习时强调，要围绕发展新质生产力布局产业链，提升产业链供应链韧性和安全水平，保证产业体系自主可控、安全可靠。习近平总书记的重要论述，为我们布局发展新质生产力的战略任务，积极培育新能源、新材料、先进制造、电子信息等战略性新兴产业，积极培育未来产业，抢抓新一轮科技革命和产业变革发展机遇，构建新发展格局、实现高质量发展提供了根本遵循。

一、围绕发展新质生产力 布局产业链

生产力水平取决于生产要素及其配置模式，生产要素配置质的升级为新兴产业链布局提供了新动力。为此，必须围绕发展新质生产力科学布局新一代信息技术、新能源、新材料、高端装备、绿色环保、民用航空、船舶与海洋工程装备等战略性新兴产业链，瞄准未来产业创新发展"新赛道"，提升国家创新体系整体效能，从而加快形成新质生产力。

（一）改造提升传统产业，筑牢产业链基底

第一，实现产业结构的优化升级。实现产业结构的优化升级对加快培育和发展新质生产力具有重要意义。要加快推动传统产业与新技术新管理新产业的良性结合，推动企业加快向智能化、数字化、精细化、绿色化生产方式转变，逐步淘汰落后低效产能，推动新旧动能转换，促进传统产业提质增效。要加快推进传统产业优化升级，打造高质量发展的产业根基，从资金供给端大力支持产业链关键环节优化升级加快发展。新质生产力以新一代信息技术、人工智能、生物技术等为技术依托，以新能源、新材料、先进制造、电子信息

等战略性新兴产业和未来产业为主要载体。这些产业大多需要传统产业基底的支撑，需要传统产业链的支撑。传统产业要注重融入新技术、智能化和数字技术进行改造升级，提升产业链基底的坚实基础，为发展新质生产力提供坚实支撑。

第二，走新型工业化道路。走新型工业化道路，是我国加快构建新发展格局、着力推进经济高质量发展的内在要求，也是发展新质生产力、推进中国式现代化的关键任务。以发展新质生产力推动新型工业化，最重要的是坚持科技创新的核心作用，做强做优做大实体经济，加快构建以先进制造业为骨干的现代化产业体系。要进一步推动经济体系优化升级，促进数字经济与实体经济的深度融合。同时为国内市场的巩固和国际市场的拓展提供更多发展空间，通过对内建设高水平市场经济体制和对外实施高水平对外开放推动高质量发展。

第三，大力升级智能制造。传统产业采用各种新技术，推动制造业领域朝向"智能制造"发展，这一趋势是全球各行各业实现突破性转型的关键推动因素之一。智能制造彻底改变了传统企业制造、组装和分销产品的方式。企业需要用智能设备改造升级，利用信息技术创建数字化制造系统，建立可控的智能网络，来满足消费者对高质量和定制化产品的需求。物联网和人工智能在制造业中的应用和升级，将优化生产流程，缩短生产时间，提高效率，改善预测性维护，提升产业链质量稳定性、安全性和竞争力，促进制造业高质量发展。

（二）强化关键核心技术攻关，推动产业链优化升级

第一，科技创新是推动产业链优化升级的内核。要充分发挥新型举国体制的优势，加大在关键核心技术突破上的集智攻关力度，将研究重点聚焦于制约经济高质量发展的"卡脖子"技术和引领未来的重大前沿技术。加大对科技的投入力度，特别是要提高基础研究经费的比例，提高部分行业企业研发费用加计扣除比例，加大基础研究活动在国有企业考核体系中的比重和力度，鼓励有条件的中央企业或者民营企业加大基础研究投入。瞄准大数据、人工智能、区块链、传感器、量子信息、网络通信、集成电路、关键软件、新材料等战略性前瞻性领域，发挥新型举国体制优势，进行创新突破。同时，瞄准未来产业前瞻布局，针对未来需求，提高数字技术基础研发能力，抢占未来发展空间。

第二，瞄准提升国际竞争力前瞻布局未来产业链。大数据、人工智能、云计算、元宇宙、3D打印等智能化技术的不断发展，改变了传统产业的组织结构和运营方式，催生了更多的高质量、高效率新兴产业。"十四五"规划纲要提出，在类脑智能、量子信息、基因技术、未来网络、深海空天开发、氢能与储能等前沿科技和产业变革领域，组织实施未来产业孵化与加速计划，谋划布局一批未来产业。当今世界，大数据、云计算、人工智能等新一代信息技术迅速发展，新一轮科技革命和产业变革在全球迅猛发展，数字经济作为

新一轮科技革命和产业变革的新型经济形态,正在通过数字化的知识和信息融入产业之中,数据成为发展新质生产力的关键生产要素。未来产业正在以升级版的信息网络作为载体,通过效率提升,推动新兴产业链延伸发展,塑造新的经济结构,正在以前所未有的速度影响、辐射未来产业链的形成,正在成为重组全球要素资源、重塑全球经济结构、改变全球竞争格局的关键力量,同时也成为形成新质生产力的强大驱动力量。

第三,产业数字化催生新的产业链升级发展。产业数字化过程催生的大量新产业、新业态、新模式,为新质生产力的形成提供了强大的产业基础和驱动。党的二十大报告提出:"推动战略性新兴产业融合集群发展,构建新一代信息技术、人工智能、生物技术、新能源、新材料、高端装备、绿色环保等一批新的增长引擎。"在数字经济时代,一大批以数智技术应用为基础,衍生发展起来的新产业、新业态、新模式不断涌现,表现出显著的高成长性、高效率性和强竞争力,由此形成以战略性新兴产业和未来产业为主要内容的新型产业链,为形成新质生产力提供了强大产业基础和驱动。

(三)发展战略性新兴产业和未来产业,提升产业链全球竞争力

第一,战略性新兴产业和未来产业是培育新质生产力的重要载体。目前,我国战略性新兴产业增加值占 GDP 比重已超过 13%,发

展势头强劲。新一代信息技术、生物技术、新能源、新材料、高端装备、新能源汽车、绿色环保以及航空航天、海洋装备等战略性新兴产业，成为发展新质生产力的载体和重点。因此，要把握新一轮科技革命和产业变革发展趋势，强化科技创新特别是关键核心技术的创新应用，推动战略性新兴产业集群化、融合化、生态化、数字化和绿色化发展。超前布局建设未来产业，类脑智能、量子信息、基因技术、未来网络、深海空天开发、氢能与储能等具有广阔发展前景，是发展未来产业的重点方向。

第二，引入新技术开创新业态培育战略性新兴产业和未来产业。通过引入数字技术、高端制造、万物互联等理念与技术，不断开创新模式和新业态，培育战略性新兴产业和未来产业，加快发展新能源、新材料、高端化等领域中市场前景好的战略性新兴产业，加快对大数据、航空航天和 6G 关键技术的突破，开辟量子、脑科学等未来产业新赛道，弥补高端产业链不完整的空缺，开发新产品、延伸产业链，打造安全可靠的现代化产业体系，从而挖掘新动能，培育新优势，形成新竞争力。

第三，以信息通信技术创新为战略性新兴产业和未来产业发展提供关键支撑。在数字化智能化时代，5G 以及正在创新的 6G、工业互联网和大数据中心等这些新型基础设施和新一代信息通信技术的迅速发展，对有效发挥数字化技术要素的作用、促进战略性新兴产业和未来产业快速成长具有关键支撑作用。基于 5G 网络的新应用进一步融入新兴产业链，为生产生活带来了翻天覆地的变化，引领新的工作生活模式。作为新一代信息通信技术与产业深度融合的新型关键基础设施，工业互联网支撑技术创新和变革，支撑产业融合互联互通飞速发展。随着数字经济的发展，算力正成为我国发展新质生产力的重要内容和推动力量。必须加快夯实算力高质量发展基础，构筑算力竞争优势。根据中国信息通信研究院发布的《中国算力发展指数白皮书（2023 年）》，中国算力产业规模将超过 3 万亿元，年均增速将超过 30%。算力正加速向政府机构、工业企业、交通运输、医疗教育等各行业各领域融合渗透，为形成新质生产力发挥越来越重要的作用。

（四）以颠覆性技术创新为新兴产业链开辟新赛道

第一，颠覆性技术和前沿技术是发展新质生产力的关键要素，为新兴产业链布局开辟新赛道。作为最为先进的生产力，新质生产力以生产要素配置质的升级、颠覆式创新、战略性新兴产业和未来产业服务新兴产业链布局。新质生产力的形成源自颠覆式创新即基础科学研究的重大突破和对原有技术或商业路线的根本性颠覆，在此基础上形成一批颠覆性技术群，从而为经济发展开辟新赛道。近年来，随着人工智能等科学技术的发展，国内外涌现了一大批颠覆式创新，深刻地影响着人类社会的未来和经济发展。颠覆式创新的出现，改变了行业规则，塑造出新的产业格局，涌现出新兴产业链。

第二，战略性新兴产业和未来产业为经济发展塑造新优势。

习近平总书记指出，要"积极培育新能源、新材料、先进制造、电子信息等战略性新兴产业，积极培育未来产业，加快形成新质生产力，增强发展新动能"①。战略性新兴产业以创新为主要驱动力，具有巨大的发展潜力和发展空间，利润空间大，辐射带动力强，能够吸引优质生产要素集聚，是引领国家未来发展的重要力量，也是主要经济体国际竞争的焦点。未来产业则是战略性新兴产业中更具有前瞻性和引领性的领域和方向，各个国家均处于相同的发展起点，都面临相同的不确定性，是我们实现变道超车，塑造产业链竞争新优势的关键领域。

第三，超前布局建设未来产业为发展新质生产力占领主阵地。未来产业是由重大技术突破或重要社会需求带动产生的新产业。培育壮大未来产业，要聚焦5G、6G、先进计算、智能网联汽车等领域，推进技术创新、生态建设，激发涌现更多技术含量高、品牌影响大、国际竞争力强的"中国制造"名片。超前布局建设未来产业，要瞄准人工智能、人形机器人、元宇宙等领域，加快标准制定，加强技术研发，为形成新质生产力创造新空间。新技术将碾碎之前的一切，量子计算可能为个人和工业机器带来突破，而这些突破是无法预料的。人工智能将变得更加智能和敏锐，人类将更多地与人工智能合作，以进行快速和复杂的决策。未来产业正成为当前及今后较长时

---

① 《牢牢把握东北的重要使命　奋力谱写东北全面振兴新篇章》，《人民日报》2023 年 9 月 10 日。

中国家电及消费电子博览会上展示的会弹钢琴的 AI 高科技人形家庭机器人　中新图片 / 陈玉宇

期全球产业竞争最激烈的战略必争之地。结合全球形势与历史镜鉴，超前布局建设未来产业，加快形成新质生产力刻不容缓，是增强自主发展能力、锻造非对称技术优势不容错过的战略机遇。

二、提升产业链供应链
韧性和安全水平

产业链供应链稳定安全是推动产业高质量发展、保障实体经济稳定运行的关键，也是国家经济安全的重点。产业链供应链稳定安全既关系到我国能否更好适应经济全球化带来的新变化新趋势，又关系到我国在新一轮技术革命中能否保持并发挥自身优势，增强安全发展能力，在激烈的国际竞争中谋求更大发展空间。为此，要着力提升产业链供应链现代化水平，有效提升产业发展的内生性、稳定性和自主性，为安全发展新质生产力提供有力保障。

（一）系统谋划产业链供应链安全发展路径

面对日趋激烈的国际竞争，我国必须发挥制度优势，充分发挥好产业政策的作用，依托我国完备的产业体系和强大的产业转换能力，确保产业链供应链稳定安全。

第一，有效发挥政府产业政策的引导作用。通过制定实施科学合理的产业政策，营造公平便利的营商环境，不断夯实产业基础，充分发挥我国超大规模市场优势和内需潜力，引导传统产业链升级，支持新兴产业链发展，促进智能产业领域创新发展，加快数智技术的商业化应用和新业态形成。加快推进经济运行体制和治理机制变革，重点是构建完备的产业链制度体系，重视以国际循环提升国内大循环的效率和水平，改善我国生产要素质量和配置水平。

第二，充分发挥政府产业政策的保障作用。加大对工业互联网、大数据中心、5G、6G、人工智能、云计算、物联网等新型基础设施建设的财政支持力度，构建富有韧性的产业链供应链体系，提升产品和服务质量，夯实新质生产力形成的基础支撑。

第三，激励企业参与国际市场竞争。通过鼓励企业出口产品和服务，在开放合作中形成更具创新力、更高附加值的产业链，增强我国在全球产业链供应链中的竞争力。

第四，营造产业链供应链良好发展环境。通过加强知识产权保护、提升政府服务效率、降低税费、优化治理等，为新质生产力的形成营造良好环境。

（二）打造现代化产业链供应链，支撑安全发展

第一，注重升级传统产业。传统产业是基本盘、老家底，是现代化产业链供应链的基底。升级传统产业，让传统产业与新产业协同发展，是发展新质生产力亟待解决的重大课题。一方面，要依法依规、稳妥有序淘汰落后产能，化解过剩产能，坚决遏制"高耗能、高排放、低水平"项目盲目上马，强化优质达标项目要素保障；另一方面，要瞄准高端、智能、绿色等方向，通过技术改造，推动企

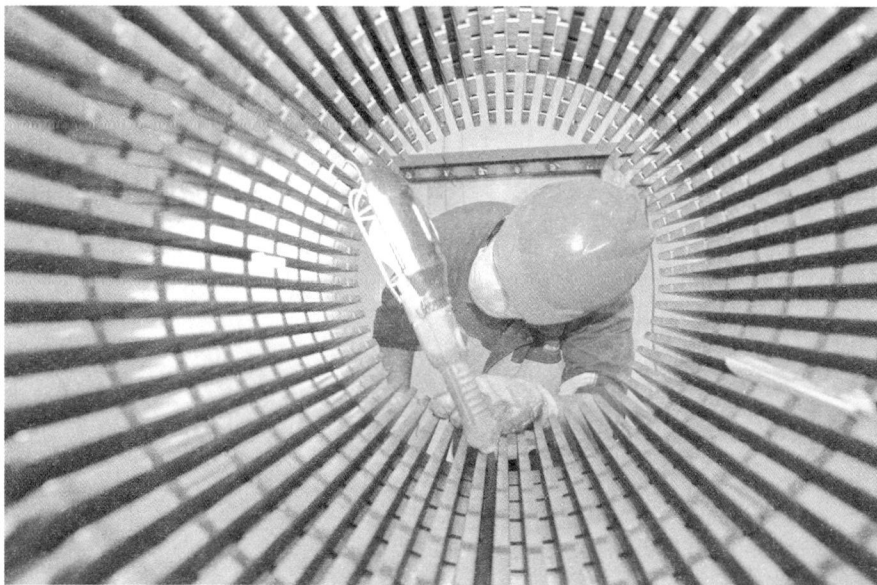

产业链供应链安全是构建新发展格局、推动产业高质量发展、保障实体经济稳定运行的重要支撑，也是国家经济安全的重要组成部分。图为工人在"国家级制造业单项冠军示范企业"——南通通达矽钢冲压科技有限公司冲压车间进行定子铁芯整理　中新图片 / 许丛军

业设备更新、工艺升级、数字赋能、管理创新，让传统产业链供应链焕新升级。

第二，打造现代化产业链供应链。现代化产业链供应链是推动高质量发展的根基。要通过整合科技创新资源和现有产业基础，健全新型举国体制，构建具有完整性、先进性、安全性的现代化产业链供应链，引领发展战略性新兴产业，科学布局未来产业，找准关键核心技术和零部件薄弱环节，实施强链补链行动，集中优质资源合力攻关，加快解决"卡脖子"问题，在未来发展和国际竞争中赢得战略主动，提升国家创新体系整体效能，从而加快形成新质生产力。

第三，促进产业链供应链安全发展。打造自主可控、安全可靠、竞争力强的现代化产业链供应链。科技创新坚持以企业为主体、市场为导向、产学研用深度融合，一体化推进部署创新链、产业链、供应链和人才链，提高科技成果转化和产业现代化水平，识别预警产业链供应链风险并进行重点布局处置，提升整体抗风险能力。要更好统筹协调发展和安全的关系，既推动产业结构优化升级和提升国际竞争力，又保障产业链供应链安全稳定和有效运行，实现高质量发展和高水平安全良性互动。

（三）科学布局产业链供应链，提升发展韧性

第一，整体布局。坚持系统观念，统筹兼顾、综合施策，确保

产业链供应链稳定安全发展，实现高质量发展和高水平安全良性互动。随着数字经济的不断发展，生产要素的便利流通，产业间的界限趋于模糊，产业链供应链融合发展成为规避风险的必然选择。要推动工业化与信息化融合、制造业与服务业融合、数字化产业与实体产业融合、科学技术与全产业融合等，以产业融合、要素融合释放倍增效应，培育壮大现代化产业体系。

第二，全要素提升。提高全要素生产率，激发实体经济新动能。围绕推进新型工业化和加快建设制造强国、质量强国、网络强国、数字中国和农业强国等战略任务，科学布局科技创新、产业创新、数字技术和实体经济深度融合等。大力发展数智经济，促进数字经济和实体经济深度融合，打造具有国际竞争力的数智产业集群，充分发挥数智技术对实体经济的放大、叠加、倍增作用，以全要素生产率提高为发展新质生产力赋能。

第三，全链协同。强化产业链上下游延伸、左右链配套，实现全链条协同创新。加强对新质生产力赋能区域主导产业、优势产业和基础产业的统筹设计，建设产业链上下游联动、横向耦合的产业梯队，加大政府支持力度，通过税收优惠和专项补贴、搭建区域产业平台、强化产业管理，提升全产业链的整合能力。实现传统产业链、新兴产业链和未来产业链的协调融合与繁荣发展，加快构建现代化产业体系。

三、保证产业体系自主可控、安全可靠、竞争力强

在世界百年未有之大变局下,"逆全球化"趋势不断增强、贸易制裁频繁发生,以美国为首的西方国家采取"脱钩断链"和"贸易封锁"等手段,意图打造"小院高墙"态势,打压我国的发展,巩固其在各个领域的霸权地位。在这种情况下,构建具有完整性、先进性、安全性的现代化产业体系,成为发展新质生产力的重要战略任务。为此,习近平总书记在主持二十届中共中央政治局第二次集体学习时强调,"新发展格局以现代化产业体系为基础,经济循环畅通需要各产业有序链接、高效畅通",要求"打造自主可控、安全可靠、竞争力强的现代化产业体系"。①

(一)提升国际脱钩断链时应对风险的能力

当前,面对国际环境复杂多变、大国博弈加剧、脱钩断链和筑墙设垒等现实挑战,急需建设现代化产业体系,积极攻坚克难,应对"卡脖子"风险,整体提升产业链供应链韧性和安全水平,实现

---

① 《加快构建新发展格局　增强发展的安全性主动权》,《人民日报》2023 年 2 月 2 日。

产业体系安全发展。

第一，补短板。以美国为首的西方发达国家试图以"盟友抱团式"等方式组建利益联合体，在全球创新链产业链供应链体系中排斥中国，甚至实施"围堵中国""去中国化"的发展策略，利用中国在重点领域、关键零配件和元器件、新材料、关键技术和高端软件等方面自主能力不足的弱项或短板，实施"卡脖子"手段。为此，我们要积极加强全球合作，开拓国际市场，构建全球产业链供应链协作体系，实施创新驱动发展战略主导模式，向全球产业链供应链中高端环节升级，提升自主创新能力。一方面，形成国有企业和民营企业、大规模企业和中小微企业依据产业链建立协作关系，组合成创新联合体，主动破解"卡脖子"问题；另一方面，加大对解决"卡脖子"技术攻关的政策支持力度，依据这些领域的创新链、产业链、供应链，分工协作合力攻关，尽快实现"卡脖子"关键核心技术创新领域的全面自主突破，这是破解相关问题的最优策略，不能抱有任何谈判的幻想。

第二，拉长板。我国轨道交通装备、电力装备、通信设备、新能源汽车、太阳能光伏等领域，已具备一定规模和技术优势，还需强链、延链、补链，提升全产业链竞争优势。创新是首要，我们要瞄准传感器、量子信息、集成电路、关键软件、人工智能、区块链、新材料等战略性领域，加强科技攻关。特别是要突破边缘计算、工业大数据、人工智能等关键技术，持续推进高端芯片、智能传感、关键基础软件等领域的迭代创新应用，夯实数字科技的基础。同时

我国光伏产业进入发展快车道，光伏制造业、光伏发电装机量、光伏发电量均位于世界首位，引领全球能源转型。图为甘肃省敦煌市首航节能 100 兆瓦熔盐塔式光热电站　中新图片 / 王斌银

也要推动行业内的企业、平台企业、数字服务企业跨界创新，打造多元化参与、网络化布局、市场化运作的创新生态，提高关键核心技术的自主供给能力，实现高水平科技自立自强。

第三，锻新板。超前布局建设未来产业是重塑国际竞争新优势的必答题，是发展新质生产力的重中之重。要统筹做好战略性新兴产业、未来产业重点领域顶层设计，加快推进重点产业链供应链关键核心技术和重点融合领域标准体系制定，前瞻布局未来产业标准研究，充分发挥标准的行业指导作用，推动新产业高质量发展。2023 年 8 月，工业和信息化部联合科技部、国家能源局、国家标准化管理委员会印发《新产业标准化领航工程实施方案（2023 — 2035 年）》，聚焦新一代信息技术、新能源、新材料、高端装备、新能源汽车、绿色环保、民用航空、船舶与海洋工程装备八大新兴产业，以及元宇宙、脑机接口、量子信息、人形机器人、生成式人工智能、生物制造、未来显示、未来网络、新型储能九大未来产业，统筹推进标准的研究、制定、实施和国际化，站在世界科技的前沿，引领未来发展。

（二）有效应对低成本劳动力优势削弱带来的挑战和机遇

目前，全球机器人市场发展十分迅速。据国际机器人联合会的数据，到 2025 年，全球机器人将会有 1400 万台。据估计，到 2035 年，全球有一半的工作岗位将会被自动化取代。在这种情况下，我国大量廉价劳动力的优势正面临加速削弱的危险。

新一轮科技革命和产业变革将会大幅度提高社会的劳动生产率，生产的发展日益依赖于科学技术的进步，日益减少对劳动力使用的依赖。这将导致劳动力就业的压力进一步增大。产业革命的本质就是用先进的生产工具替代劳动的过程，劳动生产率的不断提高和国民经济体系的智能化对劳动力的替代不仅表现在制造业，在流通、物流、社会服务、农业和家务劳动等领域也都对劳动者产生了排挤效应。这对具有世界上最大规模劳动者的我国来说，特别是对于正在加速发展的城镇化和大规模的城镇劳动力就业来说，无疑构成了巨大的挑战。

发展新质生产力为我们提供了转瞬即逝的大规模就业机会。虽然新一轮科技革命和产业变革最终将使大量劳动者从经济活动中被排挤出来，但在新的产业革命最终完成之前，还存在劳动者大规模就业的机会。与新质生产力相适应的新的经济形式包括各种新兴产业，以及数字经济与各种现有产业有机结合形成的新业态。例如，太阳能分布式发电将走进千家万户，居民住宅将安装太阳能发电装置，这需要将各地的建筑转化为微型发电厂，以便就地收集可再生能源。因此，改造建筑物以及安装、维修太阳能发电装置等这些基础设施的建设将创造大量就业机会。数字经济中，数据标注员、外卖员、快递员等工作岗位也创造了大量就业机会。人工智能技术的发展还可以在机器人、新能源、新材料和3D打印机等新兴机器设备制造业部门及其相关的生产性服务业中创造更多就业机会。因此，新一轮科技革命和产业变革过程中仍然能给我们提供大规模的就业机会。

（三）人工智能时代注重防范化解生物风险

2023年底，《自然》杂志按照10多年来的惯例，选出了2023年在科学领域作出重要贡献的十大杰出科学人物。但是，2023年很特别，因为还增加了一位在科学领域作出重要贡献的非人物ChatGPT，以表彰人工智能在模仿人类的语言、在科学发展和进步中所发挥的作用。另外，人工智能工具AlphaFold可以设计出具有特定功能的蛋白质。过去需要数年甚至不可能完成的任务，比如设计一种能与特定分子结合的蛋白质，现在只需几分钟就能完成。

在人工智能的推动下，生命科学研究的技术进步正在为人类健康、可持续发展和其他领域带来令人难以置信的突破。这种融合有望为健康和福祉带来改变世界的好处，包括有机会实现大流行病预防和应对的全球目标，改善癌症检测和治疗以及缓解糖尿病等慢性疾病。更广泛地说，人工智能有可能改变从农业和粮食安全到国防、气候变化和能源生产等各个领域。虽然这些技术将带来难以置信的机遇，但它们也将带来难以置信的挑战，在人工智能与合成生物学（人工智能生物转化或人工智能赋能生物学）的交叉点上会出现特定的风险。人工智能赋能生物学，将极大地要求具有对自然发生、意外发生或武器化大流行威胁的准备和快速反应能力。此外，分布式生物学工具和研究的普及，已经并将继续在诊断、疫苗和其他医疗领域带来拯救生命的突破。但是，这种获取途径的民主化，也将通过提高工程病毒潜在的危害来改变风险格局，并使越来越多的参与者有能力改造或创造大流行病级别的病原体，给全人类的生命安全带来风险挑战。

人工智能设计的蛋白质会被用作生物武器吗？为了避免这种可能性，政府应加强监管，督促科学家安全、合乎道德地使用蛋白质设计。人工智能技术在合成生物领域的应用使化学武器与生物武器的界限进一步模糊。2017年，一位加拿大病毒学家仅花费10万美元就合成出了天花病毒的"近亲"马痘病毒，引发人们对于"天花病毒是否会卷土重来"的担忧。在人工智能促进合成生物学快速发展的同时，也可能导致生物安全风险概率的加大、危害程度的提升，给现有生物安全和生物安保治理带来更多挑战。

几十年来，各国政府、地区和全球实体一直在努力寻找减轻生物威胁（无论是自然发生的还是人为的）的方法，然而，到目前为止，这些方法还远远落后于人工智能、合成生物学和生命科学研究领域的技术发展。因此，应该迅速采取行动，通过应对现在可能对人类构成大规模风险的人工智能生物融合弥补这一差距。联合国人工智能高级别咨询机构计划2025年前提交最终报告，为人工智能的国际监管制定指导方针。当前，各国政府、区域实体和全球机构，包括美国、非洲联盟、欧盟委员会和世界卫生组织都已制定了加强生物安全和生物安保的建议。一些国家包括英国、加拿大、瑞士、荷兰和德国，已经在建立对病原体实验室的全面监督方面取得了进展。

防范生物风险需要政府相关部门加强监管。提高生物合成产品监管力度，建立人工智能与合成生物学深度融合产生的风险报告机制，建立化学合成或生物合成"白清单"和"黑清单"，要求从事化学或生物合成的公司根据清单内容，决定是否提供服务。研究制定长期发展规划，重视相关领域风险研究，加大政策和资金支持力度，推动建立生物安全国家高端智库，形成生物安全高端人才汇聚地。同时，政府、学术界、产业界应共同努力，采取"预防风险"和"产品导向"相结合的方式制定对策方案，保证技术进步的同时最大程度地减少风险发生。

第六章

大力发展助力培育新质
生产力的数字经济

当今经济社会的发展是由技术驱动的，我们正处于技术革命或数字革命之中。这场变革始于计算机的发明和数字经济的兴起。数字化仍在以飞快的速度发展，医疗、教育、金融、旅游、购物方式以及我们了解周围世界的方式都在不断改进。数字经济作为一种全新的经济形态，发展速度之快、辐射范围之广、影响程度之深前所未有，正在成为重组全球要素资源、重塑全球经济结构、改变全球竞争格局的关键力量。在未来助力培育新质生产力过程中，需要完善治理体系、推动融合发展、打造数字产业集群，为我国经济整体水平不断提升提供有力支撑。

一、完善治理体系，
推动数字经济高质量发展

数字经济作为新一轮科技革命和产业变革的新型经济形态，正成为全球产业发展与变革的重要引擎，日益成为各国经济发展的重要支柱之一。数字经济发展速度之快、辐射范围之广、影响程度之深前所未有。据初步核算，2023 年我国数字经济规模达 56.1 万亿元左右，占 GDP 比重超过 44%，中国成为全球规模最大、最具活力的电子商务市场。[①] 当前，传统治理手段难以应对愈发复杂多元的数字经济发展需求，需要进一步建立健全规范有序的治理体系，为推进新质生产力发展提供有力支撑。

（一）数字经济就是新质生产力

数字经济被定义为"以数字化信息和知识为关键生产要素，以现代信息网络为重要活动空间，以有效利用信息通信技术为生产力增长和经济结构优化重要驱动力的广泛经济活动"。数字经济与信息

---

① 参见安静：《把握网络强国建设实践要求》，《经济日报》2024 年 5 月 7 日。

和通信技术（ICT[①]）密切相关。数字经济被称为"新经济""互联网经济""应用程序经济"或"信息经济"。《二十国集团数字经济发展与合作倡议》将数字经济定义为：以使用数字化的知识和信息作为关键生产要素、将现代信息网络作为重要载体、以信息通信技术的有效使用作为效率提升和经济结构优化的重要推动力的一系列经济活动。数字经济已成为经济发展的突出助推器。如今，人工智能、5G、大数据、物联网（IoT[②]）等越来越多的信息和通信技术快速发展，不断塑造着企业的结构方式、组织的互动方式以及人员的激励和组织方式。

数字经济集信息技术、人工智能、大数据于一体，是推动经济增长的新引擎，也是当前发展新质生产力的重要抓手。根据中国信息通信研究院发布的《中国数字经济发展研究报告（2023年）》，2022年，我国数字产业化规模与产业数字化规模分别达到9.2万亿元和41万亿元，占数字经济比重分别为18.3%和81.7%，数字经济的二八比例结构较为稳定。其中，三二一产业数字经济渗透率分别为44.7%、24.0%和10.5%，同比分别提升1.6、1.2和0.4个百分点，第二产业渗透率增幅与第三产业渗透率增幅差距进一步缩小，形成服务业和工业数字化共同驱动发展的格局。当代数字技术有许多独特之处。它们提供的信息量与日俱增，既有"Web3.0"对"Web2.0"的改进，

---

① 英文"Information and Communications Technology"的缩写，即信息和通信技术，简称ICT。

② 英文"Internet of Things"的缩写，即物联网，简称IoT。

也有算法、传感器和摄像机实时收集的信息（大数据技术）。数字技术将决策、社会关系和交易深深地融入数字—物质混合环境（包括网络—物理系统、数字平台、增强现实、虚拟现实和元宇宙）。数字技术产生了大量能够自我学习和互动的智能物体（如物联网、机器学习、机器人和人工智能）。数字技术（如区块链）刺激了新一代去中心化和自治模式的兴起，大大降低了交易成本，即互动和交易的成本。

在数字经济时代，新质生产力是以科技创新为主导、实现关键性颠覆性技术突破而产生的生产力，数据要素的作用起到了倍增效应，赋予了新质生产力更高效率的属性，以数据化驱动新兴产业发展。人工智能、大数据、5G、机器人等现代数字技术都与信息和通信技术相关联，对信息和通信技术的投资推动了数字经济的发展。近年来，互联网、大数据、云计算、人工智能、区块链等技术加速创新。相对于农业经济和工业经济而言，数字经济作为一种新型的生产方式，其独特之处就在于它本身就代表着新质生产力，具有高创新性、强渗透性、广覆盖性等多维特征。数字化技术是一个快速发展的领域，其创新成果在全球迅速传播，涉及数十亿人。因此，数字化的诸多影响在其初始阶段就已显现。数字技术带来的变革才刚刚开始，但已经推动生产力发生了深刻的变革。

（二）数字经济提高了国家的竞争和创新能力

对数字技术的投资可以传播思想和信息，降低交易成本和时间，

2023 中国国际数字经济博览会上的机器狗表演　中新图片 / 翟羽佳

减少行政负担，从而提高各国和各地区之间的竞争和创新能力。事实上，数字技术是商品和服务生产的重要投入来源，当高技能人力资本使用这些技术时，它们会提高国家的生产力和经济增长。一些宏观和微观层面的实证研究调查了数字经济对生产力的影响。例如，从宏观层面看，2022 年，我国数字经济全要素生产率为 1.75，相较2012 年提升了 0.09，数字经济生产率水平和同比增幅都显著高于整体国民经济生产效率，对国民经济生产效率提升起到支撑、拉动作用。[①] 从微观层面来看，数字化的使用最大程度地降低了供应商和客户之间的互动成本，强化了业务流程，提供了更大的灵活性并提高了产品质量，实现了特定常规任务的自动化，并提高了企业的劳动生产率。

生产全球化导致形成了复杂而动态的"跨境生产网络"，通过降低成本并以更低的价格为企业提供服务，经济数字化可能会影响全球价值链的结构。例如，尽管中小型企业在全球价值链中的参与程度仍然有限，但经济数字化可能会让企业进一步依靠技术来宣传产品，通过剔除中间商开发直接接触买家的渠道，促进买家和卖家之间的协调机制，增加销售额，并利用人工智能和物联网促进和维持效率，从而提高竞争力。

数字经济已经改变了许多国家，对农业、商业、教育、医疗、交通等产生了影响，被视为国家经济增长、发展和繁荣的重要基础

---

① 参见中国信息通信研究院：《中国数字经济发展研究报告（2023 年）》。

之一，因为它有助于创造就业机会、创业和创新。数字经济的发展取决于公共政策，战略规划，数字化转型监测，有效和高效的领导，适当的机构，有效的法律、法规和标准，人力资本开发，研发和创新，有利的商业环境，数字基础设施以及经济部门的数字化转型。

我国数字经济基础设施建设成效显著，正向纵深建设、广泛应用、结构优化方向迈进。在 5G 网络方面，截至 2024 年 3 月底，我国累计建成 5G 基站 364.7 万个，5G 移动电话用户达 8.74 亿户，全国所有地市级城区、县城城区实现 5G 网络覆盖。[①]中国已建成世界最大 5G 网络。未来，5G 网络将持续扩容向 6G 创新，行业专网加快向各领域融合延伸，数字化发展将更好服务千行百业。物联网飞速发展，蜂窝物联网用户快速增长，万物互联态势将进一步深化。

（三）数字无形资产为企业创造价值

在数字经济中，数据和通过数据创造价值的能力成为生产要素。这包括算法或分析大数据的能力，在各种情况下产生价值。虽然数据无形资产很难准确衡量价值，不过，有关公开市场估值的研究都表明，数据资产正日益成为估值的重要组成部分，美国有几家公司的估值约为万亿美元。研究发现，近几十年来，物质资本对企业价

---

① 参见张维佳：《5G 网络建设贡献中国方案——"5G 这五年"系列报道之二》，《中国电子报》2024 年 5 月 21 日。

2023 年 12 月 1 日，安徽省铜陵市义安区钟鸣镇金榔村，技术人员在进行 5G 基站设备更新升级　中新图片 / 过仕宁

值的重要性有所下降，而知识资本的重要性则在上升，尤其是在高科技行业。我国走在世界数据资产评估前列。财政部 2023 年 8 月印发的《企业数据资源相关会计处理暂行规定》规定，数据资产从 2024 年 1 月 1 日开始正式入表。这意味着，未来数据资产将会作为无形资产进行摊销，在国家数字经济中实现巨大的突破。有很多人知道如何分析数据并利用数据创造价值，但如果没有数据，他们就无法获得创造价值的关键要素。只有当数据要素与劳动力相结合时，才能增加规模回报，进而提高生产率。因此，人力资本、知识产权和数据相互结合的价值要远远高于它们作为独立实体的价值。

数字技术正在颠覆传统的通信、商业和学习，以及人类在工作和家庭中的运作方式。它提供了更快更便捷的信息获取方式，降低了通信技术的成本，推动了生产力的发展，提高了效率，加速了创新和经济增长，促进了政府政策运行的透明度。信息和通信技术的有效部署与应用从根本上推动了数字化进程。从宏观视角来看，数字经济对传统经济发展的影响，主要归因于技术进步与革命带来的生产投入和产出效率的进一步调整。换言之，国家资源或多或少地以更加数字化的方式进行了重新分配。

数字经济的显著特点是信息无处不在。数据因素是金融市场投资决策的核心参考变量，信息和通信技术的进步使科技公司能够收集实时、细粒度的数据指标，进行大数据分析，提高了金融市场的预测准确性，从而提高了投资效率。这些数据的引入通过降低信息获取成本提高了应用价值，并随之对投资者产生了影响。信息和通信技术的突破，如基于大数据的金融科技，已被认为是借贷行业重要的颠覆性驱动力。大数据时代见证了信息收集、展示和评估方法的重大变革。信用信息的检索收集成本大幅降低，信用数据的收集也从被动的信息检索转变为主动的信息收集。值得注意的是，这些趋势使金融公司能够向以前服务不足的人群提供信贷等服务，从而为企业创造更多价值。

（四）数字经济提高了社会福利

随着新一代数字技术向制造领域的渗透扩散，将使中小企业和个人能够更加便捷地参与市场竞争，先进的传感技术、数字化设计制造、机器人与智能控制系统日趋广泛的运用，将会为人们提供更多便捷、高效、智能的服务和产品，改善人民生活，提高社会福利水平。

在数字经济中，信息共享为人们提供了便利。例如，如果消费者计划购买某种产品，他们会希望从其他有过相关经历的消费者那里获得反馈。这种信息共享性提高了每个人的社会福利。数字技术可以在多个方面提高便捷性，如医疗、教育等。例如，在初级医疗保健领域，以图像识别为形式的人工智能被广泛用于诊断偏远和交通不便的人群。斯坦福大学的研究发现，图像识别可以用来筛查皮肤癌。这是非常有价值的，因为世界上有很大一部分人并不在皮肤科医生附近，但只要这些人有相机和发送图像的方法，那么即使他们离皮肤科医生有上万公里远也没有关系。其他许多领域也有类似的举措。例如，偏远而交通不便的人群在接受教育方面的条件不够完善，但利用数字技术就可以实现远程教育。

数据生产要素还通过协助政府部门决策，改善社会福利。大数据分析可以通过政策周期模型支持政府对政策效果进行持续的实时评估。在此背景下，政府可以在每个阶段替代甚至暂停无效政策，提高决策效率。随着更多数据通过预测分析技术转化为可用信息并指导决策，政府部门也将能够最大限度地为社会提供更科学的政策指引。

（五）数字巨型平台提高了供需匹配的效率

在数字经济时代，超大平台的存在是市场健康的标志。美国和中国都有几个大型平台：美国有谷歌、亚马逊和 Facebook（脸书）、eBay（易贝），中国有腾讯、阿里巴巴、京东和拼多多。在美国，亚马逊是在结构上最接近阿里巴巴的大型平台，尽管两家公司仍有显著差异。eBay 和阿里巴巴的发展道路非常相似。虽然 eBay 现在已经落后，但它曾经是世界上所有大型平台的灵感源泉。eBay 的基本理念是洞察到许多潜在市场之所以不存在，仅仅是因为买卖双方找不到对方，但在万维网上，这种情况可以得到弥补。因此，大型平台学会了如何抓住市场最基本的特征，即为买卖双方提供联系的平台和途径。

人工智能、大数据和云计算等新数字技术的发展不断改变着平台制定战略和提高运营效率的方式。如今风靡全球的 TikTok（抖音海外版）就是一个很好的例子。基于其成功的推荐算法，TikTok 将内容高度个性化地展示给每一位用户，这彻底改变了信息传递的方式。

当今巨型平台所依赖的数字技术之所以如此强大，部分原因在于它们正在缩小信息鸿沟。现在，买家和卖家可以找到彼此，大型平台找到了解决信任问题的方法，将孤立的市场和交易变成了重复交易。解决信任问题的另一个要素是数字平台上的双向评价系统。这改变了市场的信息结构和激励结构。如果有人通过在线平台租了一套公寓，但把它糟蹋得一塌糊涂，那么他就很难再通过同一平台租到房了。然而，在此类平台发明之前，这些信息可能会丢失，肇事者可能会继续租房，糟蹋下一套公寓。通过评估系统、支付系统以及可以收集到的大量数据，平台可以发现信息并对人们作出推断，从而形成更具包容性的商业模式。一些小公司，由于规模太小，没有抵押物，可获得的记录也有限，因此可能无法从传统银行获得贷款。金融平台通过评估系统、支付系统以及其他收集到的大量数据，对该公司作出评估。评估结果符合要求，这家公司就可以获得贷款。例如，MyBank（阿里巴巴旗下的浙江网商银行）可以向可能只有 5 名员工的企业提供贷款。正如诺贝尔经济学奖获得者、芬兰经济学家本特·霍姆斯特罗姆所言，现在，在超大型金融平台上，数据已成为新的抵押品。

第四届中国跨境电商交易会上展出的 TikTok Shop 生态专区　中新图片 / 谢贵明

在社会就业方面，数字革命带来了传统生产体系和价值链的快速转型。这种革命可以看作云计算、物联网、人工智能、机器人等新兴技术综合应用的结果。它对社会就业提出了新的挑战。新市场创造了越来越多的就业机会，这也将增加一些就业机会。例如，这些中介公司通过网络平台与独立零售商或个人客户建立联系，将以往的全职或长期工作模式转变为按需模式。这种就业模式将更加灵活，并通过不断加强的人机合作实现互联互通。显然，新的数字技术在很大程度上影响了社会就业领域，促进了新的就业解决方案的提供。

（六）发展数字经济要确保国家安全

数字经济虽然仍处于早期阶段，但随着这种新经济形态的发展，已经出现了一些问题。除了个人权利与集体利益之间的矛盾，还有国际合作的问题。需要处理国家安全与数据、信息和技术在全球自由流动所带来的巨大利益之间的潜在冲突挑战。

国家安全面临着信息和数据外流的风险挑战。一方面，政府希望鼓励信息跨境流动，以促进商业、教育、技术和科技的进步。另一方面，必须限制信息外流，以实现重要目标的安全，如防止垃圾信息、盗版和黑客攻击，保护国家安全、公共道德、隐私以及经济和金融体系中的关键基础设施。

我们正在进入物联网世界，在这个世界里，不仅服务器和通信设备与互联网相连，其他一切设备也与互联网相连。这就提出了必须解决的极其重要的安全问题，但这肯定不是私营企业会主动去做的事情。如果任其发展，私营企业将继续推出安全性不足的物联网产品，有可能泄露国家方方面面的信息，如生产生活的各种基础数据安全问题越来越突出。当然，物联网也会带来很多好处，但必须认真考虑其对安全的影响。这不仅包括国家安全，还包括容易受到来自任何地方的恶意攻击。

完善数字经济治理体系确保国家安全。一方面，积极推动数字经济健康有序发展。顺应经济社会数字化转型发展趋势，充分发挥市场在资源配置中的决定性作用，更好发挥政府作用，推动数据要素供给调整优化，提高数据要素供给数量和质量。探索有利于数据安全保护、有效利用、合规流通的产权制度和市场体系，完善数据要素市场创新发展机制，促进形成与新质生产力相适应的新型数字生产关系。中共中央、国务院 2022 年 12 月印发的《关于构建数据基础制度更好发挥数据要素作用的意见》创造性地提出建立数据资源持有权、数据加工使用权、数据产品经营权"三权分置"的数据产权制度框架，推动构建中国特色数据产权制度体系，确保数字经济高效健康发展；另一方面，强化数据安全制度体系建设。世界上已有多个国家和地区将数据安全作为优先发展方向，通过调整网络与数据安全战略、重塑数据治理规则、提升数据安全技术能力等措施，强化对数据资源的掌控。要建立数据流通准入条件规则，强化市场主体数据全流程全要素合规治理，建立数据分类分级安全授权使用规范，探索有利于数据安全保护、合规流通的制度，划定安全监管底线和红线，把安全监管要求贯穿在数据供给、流通、使用全过程。同时，积极参与数据跨境流动国际规则制定，探索加入区域性国际数据跨境流动制度体系，从而积极有效防范和化解各种风险，确保国家安全。

二、有效转型升级，促进数字经济与 实体经济深度融合

促进数字经济与实体经济深度融合，就是要充分运用数字技术，推动实体经济全要素数字化融合转型，实现量的合理增长和质的有效提升相统一的高质量发展，构建形成以数实融合为关键特征和主线脉络的新型工业化，夯实新质生产力发展根基，全力塑造国际竞争新优势。

（一）促进数字经济与实体经济深度融合

数字经济和实体经济深度融合，不是简单地将现代数字技术应用到实体经济，而是将之与中国式现代化的任务要求整合为一体，推动实体经济全要素数字化融合转型。近几十年来，企业的运营环境日益数字化，这导致了服务、产品和流程之间的相互关联。然而，数字技术的应用给企业带来了挑战，尤其是当互联运营、服务和产品改变传统业务时，更需要新颖的战略来统筹这些技术。同时，数字经济也给企业带来了机遇，当前发达经济体都纷纷抢占人工智能、生物技术、可再生能源等科技制高点。在推动数字化转型的同时，大力鼓励新兴技术（如 5G 和物联网）与实体经济相融合。实施制造

业数字化转型行动，加快工业互联网规模化应用，推进服务业数字化，建设智慧城市、数字乡村。健全数据基础制度，大力推动数据开发开放和流通使用。以广泛深刻的数字变革，赋能经济发展、丰富人民生活、提升社会治理现代化水平。

数字经济和实体经济深度融合，要求企业必须在科技支撑下的转型升级中取得突破。2021年12月国家发展改革委印发的《"十四五"数字经济发展规划》从顶层设计上明确了我国数字经济发展的总体思路、发展目标、重点任务和重大举措，是"十四五"时期推动我国数字经济高质量发展的行动纲领。该规划提出，到2025年，数字技术与实体经济融合取得明显成效，我国数字经济竞争力和影响力稳步提升。推进制造业数字化进程，稳步推进工业互联网的基础设施建设，推动网络基础建设，建立健全网络体系，打造良好的发展平台，提高安全保障能力。以应用为牵引，将传统制造业的转型升级与工业互联网的新技术、新模式紧密结合，加快数字化智能进程，大力发展基于边缘计算的软件系统，工业分析能力从云端向边缘延伸，积极探索制造业新模式，如全生命周期管理、整体解决方案、在线监测与维护、个性化定制、网络化协同制造、信息增值服务等各种制造业新模式。

数据作为新生产要素可以更好地赋能传统产业改造升级，数字产业化与产业数字化为新质生产力形成提供实体基础，数字基础设施为新质生产力的形成提供坚实平台支撑。在未来，结合数字经济特征和具体国情，通过市场与政府有机结合协同提高数字创新能力，数实融合加快推进战略性新兴产业与未来产业，培育创新型人才、打造新型劳动者队伍，实现以数字经济高质量发展培育新质生产力。

（二）数字经济为企业创新提供动力

数字经济与企业创新之间的关系已经引起了社会的足够重视。从历史上看，大多数企业创新一般集中在公司治理、组织学习、互联网的使用等方面。然而，数字经济为企业创新提供了全新动力，使企业创新产生了质的飞跃。数字经济强调跨界融合创新，它加速了创新过程的迭代，颠覆了创新模式，提高了创新决策的准确性和有效性。此外，数字化和相关生态系统为企业创新提供了一个广阔的平台，成为提高区域创新效率的重要因素。因此，迫切需要加强数字经济在微观层面影响企业创新的研究。数字工程将数字工具和技术引入物理系统、产品和服务的设计、创建、运行和维护中，彻底改变了工程领域。它带来了更加高效、有效和可持续的解决方案，并推动重大创新，改善设计、构建和运行物理系统的方式，为企业创新提质增效。

我国制造业数字化转型正在迈向全面扩展期。要鼓励有条件的大型企业打造一体化的数字平台，强化全业务、全环节、全流程的数据贯通和业务协同，提升企业运行的整体效率。要加快5G、人工智能、数字孪生等新型融合性技术的推广应用，推动智能制造单位、智能产线、智能车间建设，实现全要素、全环节的动态感知、互联

浙江省宁波市自动物流车往返于智能工厂内帮助运输服装面料　中新图片／王刚

互通、数据集成和智能管控。持续推进制造业的数字化转型、网络化协同、智能化变革，加快构建智能制造的生态。力争到 2025 年规模以上制造企业，大部分实现数字化、网络化，重点行业骨干企业初步实现智能化生产。

中小企业数字化转型是产业数字化的难点，也是必须重视和突破的关键点。要有针对性地采取措施，通过培育一批中小企业数字化转型的典型，起到示范引领作用，推广适合中小企业需求的数字化产品和服务，同时，注重降低数字化转型成本，健全完善数据安全监管体系，保障中小企业的数据资产权益，保证涉及商业秘密的数据安全，有效促进产业体系整体数字化转型发展。

（三）数字经济打造高科技新品牌

技术进步是一个颠覆性的过程，它改变了经济和社会结构，刺激了新业态的出现。数字技术的广泛传播、应用从根本上重塑了世界经济和社会。数字技术改变了商业、消费和行为模式、规范和态度，以及消费者的偏好。数字技术推动了前沿变革的出现，但最重要的是，数字技术催生了各种网络的出现，在这些网络中，变革的力量通过不同的渠道得以展现。其中一个渠道就是数字原生品牌和数字诞生的高科技新品牌。高科技新品牌是创新型企业最宝贵的智力资产之一，也是原产国经济的重要资产。

高科技品牌的快速发展和对世界的影响是有目共睹的，它们释放了数字经济和网络社会的全部潜力。数字技术与高科技品牌之间的这种密切关系是双向的。一方面，高科技品牌充分体现了数字技术为经济和社会带来的独特力量和机遇；另一方面，因数字技术而出现的独特的经济和社会网络也为高科技品牌的发展提供了机遇。

高科技品牌为代表的数字技术创造了巨大的价值。英国品牌评估机构"品牌金融"发布的"2023全球科技品牌价值100强"榜单排名前十的品牌包括亚马逊、苹果、谷歌、微软、三星、TikTok、Facebook、微信、Instagram（照片墙）和华为。亚马逊的品牌价值达到2992.80亿美元，位列第一，其优势在于其强大的电商平台、云计算服务和智能设备等多元化业务。苹果以2975.12亿美元位列第二，其则依靠高端产品、忠诚用户和创新能力保持了竞争力。谷歌以2813.82亿美元的品牌价值排名第三，其在搜索引擎、广告、视频、地图等领域保持了领先地位，并在人工智能、量子计算等前沿技术上不断投入。微软以1915.74亿美元的品牌价值排名第四，其在操作系统、办公软件、云服务等方面拥有稳定的收入来源，并在游戏、社交、硬件等领域进行了多项收购和合作。三星以827.22亿美元的品牌价值排名第五，其在智能手机、电视、芯片等领域仍然占有重要的市场份额，并在5G、折叠屏等领域推出了新产品。但三星也面临着来自华为、小米等中国竞争对手的压力，以及芯片供应短缺和法律纠纷等问题。中国三大科技品牌抖音、微信和华为进入前十名。抖音凭借其短视频平台吸引了全球数亿用户，并在内容创作、社交互动和电商变现等方面展现了强大的生态能力。微信作为中国最大的社交网络和生活服务平台，拥有超过 12 亿的月活跃用户，并在支付、小程序、视频号等领域不断创新。华为在通信设备、智能手机、云计算等领域保持了领先水平，并在鸿蒙操作系统、智慧汽车等领域进行了布局。网络经济通过品牌模式创造价值，已经并将继续改变人们对价值的认知、生产和货币化方式。

（四）数字技术赋能传统产业绿色低碳转型

数字技术与能源技术的融合，推动了能源的清洁化，推动清洁能源的规模化和能源服务的智能化，促进了能源技术向绿色低碳和智能化方向发展。利用人工智能、大数据和云计算等技术，实时采集运行数据，精细管理工业企业工艺、制造、物流等各环节，强化数据的分析和价值挖掘，实现精准的预测需求、设备远程监测和能耗管理，有效地降低能耗和碳排放，实现节能减排和绿色生产。有研究认为，数字技术可以减少 20% 以上的碳排放。与此同时，在产业源头、投入过程和产品转换等环节注重科技创新和资源循环利用，这本质上就是一种绿色低碳的发展路径，有助于构建绿色的现代化产业体系。

（五）数字经济促进商业生态系统转型升级

数字经济的快速发展也推动了商业生态系统的演变。商业生态系统的数字化背景进一步提高了利益相关者之间的互动频率和效率，而数据在这一过程中发挥着重要作用。在数据生态系统中，政府、研发机构、大学和企业都为支持数据价值网络作出了贡献。以腾讯构建的数据生态系统为例，利益相关方各司其职，共同推动数据市场的发展。在价值网络中，腾讯在 ToC（面向个人）和 ToB（面向企业）两个市场中推出不同的应用程序，向个人用户或生产者收集数据。对于 ToC 数据，腾讯将这些数据标准化并存储在自己的服务器中。对于 ToB 数据，企业可以将数据存储在自己的服务器中。在所有数据安全存储后，腾讯或其他相关公司可以通过人工智能算法分析 ToC 数据，了解更多关于消费者的信息，为广告企业提供服务。同样，企业也可以通过分析 ToB 数据，更好地增强连接性，提高生产效率。除了数据价值链，腾讯还关注社区网络，为其发展提供支持。腾讯还将为政府出台数据市场政策提供建设性意见，与高校合作培养未来数据市场所需的人才，并与其他企业共同制定行业标准，更好地完善数据市场。

三、加速打造具有国际竞争力的 数字产业集群

党的十八大以来，党中央高度重视发展数字经济，将打造具有国际竞争力的数字产业集群上升为国家战略。党的二十大报告提出，加快发展数字经济，促进数字经济和实体经济深度融合，打造具有国际竞争力的数字产业集群，这为我国数字经济的下一步发展确立了方向，画出了重点。

（一）科学统筹布局数字产业集群

面向未来，高标准培育数字产业集群将成为中国数字经济发展的重要着力点。一方面，各地区将结合自身数字经济核心产业基础，培育打造相适应的数字产业集群，做大区域数字经济规模；另一方面，通过产业集群化发展，数字经济核心产业人才、资金、技术等资源要素将加快汇聚，有效促进中国数字经济核心产业做强做优做大、高质量发展。

第一，科学布局数字产业集群。深化科技创新体制机制改革，前瞻性布局数字产业集群。2023 年 2 月，中共中央、国务院印发了《数字中国建设整体布局规划》，提出到 2025 年，要基本形成横向打

通、纵向贯通、协调有力的一体化推进格局，数字中国建设取得重要进展。"横向打通、纵向贯通"充分体现了发展数字经济对一体化运营环境的要求，是国家从宏观层面上对数字经济基础生产关系变革的战略布局。2024 年是实现 2025 年建设目标的关键之年，要充分思考与先进数字生产力相匹配的数字化生产关系该如何建立，用生产关系变革来释放数字消费潜力、提高数字创新能力，从而在数字经济领域"稳中求进、以进促稳、先立后破"，全面构建数字时代的现代化产业集群。为此，应推动国有企业担任核心技术创新的先锋队，民营企业成为孵化新技术的重要载体，最大限度地释放全社会创新、创业和创造动能，引导创新要素更多投向核心技术攻关，加快培育一批竞争力强的主导企业和"专、精、特、新、尖"的中小企业，充分发挥市场、社会、金融、土地等的支持作用，激发龙头企业和产业的内在力量，实现迭代升级，打造出具有世界影响力和竞争力的数字产业集群。

第二，合理引导数字产业集聚。与传统产业集聚相比，数字产业集聚具有实时交互、泛在连接、相互依存、共同演化特性，可发挥合作效应与内部竞争效应，助力企业突破创新"低端锁定"格局，加快形成新质生产力。合理引导数字产业集聚，有助于推动产业链上下游网络化协作和跨产业链合作，提高聚集区内研发方向的投入产出比，打造"创新驱动—产出增长—价值链水平提升"的良性循环，支撑经济高质量发展。马克思、恩格斯指出："一个民族的生产力发展的水平，最明显地表现于该民族分工的发展程度。任何新的生产力，只要它不是迄今已知的生产力单纯的量的扩大（例如，开垦土地），都会引起分工的进一步发展。"[1]数字产业本身属于技术和资本密集型产业，迫切需要以低成本获取更多知识、创新要素资源。数字产业集聚可锻造多参与主体、高技术密集度、复杂数字产品结构的产业链条，吸引大量产业链上下游与支撑性企业形成较小空间尺度上的高密度集聚，有助于促进知识流动与专业化分工，从而加快形成新质生产力。

第三，攻关建强数字产业集群。未来国际竞争格局的不断重构迫切需要我国解决高端芯片、软件等产业链关键技术环节存在的问题，利用好"双循环"新发展格局下我国超大规模市场的优势，推动数字经济的快速发展。这就需要重视产业发展中的基础研究和关键共性技术、前瞻技术、战略性技术研究，围绕高端核心器件、新型光子材料、制备工艺和基础软件，构建全面布局、自主可控、合理分工的高端核心产业集群。加强数字技术的攻关，提高智能化对产业领域的渗透力，最大限度发挥以数字技术为代表的智能化作用。在夯实基础产业支撑能力的基础上强化传感传输网络、数字存储及计算能力、数据资源体系等产业关键核心环节的建设，提升以云计算、边缘计算、量子计算、类脑计算等为代表的新型基础设施的建设水平，推动人工智能、区块链等前沿赋能技术的突破，强化产业带动能力，支撑数字经济与实体经济深度融合发展。

---

① 《马克思恩格斯文集》第 1 卷，人民出版社 2009 年版，第 520 页。

近年来，安徽省合肥市积极抢占人工智能产业赛道，智能语音入选国家先进制造业集群，成为引领高质量发展的重要动力源。图为合肥高新技术产业开发区　中新图片 / 陈辉

（二）推动产业集群数字化升级创新

第一，为企业数字化转型培育动能。数字经济以网络化方式提高了传统生产要素配置的活跃程度和配置效率，驱动创新资源应用于产业链各环节，将数据集成、平台赋能等驱动因素融入农业、工业以及服务业之中，促进产业链供应链融合融通、延伸拓展。例如，平台经济、直播带货等，为农业、工业、服务业注入了新的活力，为产品的生产和销售提供了新的思路。与此同时，国内大市场优势持续赋能，应以大数据、云计算等新一代信息技术为着力点，建立功能强大的金融、教育、医疗等现代服务业，实现现代服务业与实体经济的有效融合，进一步助力以战略性新兴产业和未来产业为代表的新制造业快速发展，助力以高附加值生产性服务业为代表的新服务业健康发展，助力以全球化和数字化为代表的新业态高质量发展，为企业数字化转型培育动能，从而加快形成新质生产力。

第二，加速产业现代化体系数据化智能化升级。数字关键核心技术是推动产业体系智能化升级和创新的重要手段。伴随着数字技术和人工智能应用的不断推广，产业智能化水平不断提升，这也得益于数字经济的红利。据初步核算，2023 年我国数字经济规模达 56.1 万亿元左右，占 GDP 比重超过 44%。[①] 根据中国信息通信研究院发布

---

① 参见安静：《把握网络强国建设实践要求》，《经济日报》2024 年 5 月 7 日。

的《中国数字经济发展研究报告（2023年）》，2025年我国数字经济规模有望达到70.8万亿元。但同世界其他数字经济大国相比，中国数字经济存在着大而不强、快而不优的现状，没有释放出该有的增长红利，这限制了新质生产力在赋能产业现代化体系数据化智能化时的动力效应。2010年以来，数字经济快速发展，但是中国劳动生产率增速急剧下滑，出现了智能化时代的"索洛悖论"①。另外，由于发达国家在全球数字经济和智能化中占据主导地位，这导致广大发展中国家在推进数字化、智能化赋能国内产业现代化建设时更加侧重于本国已有的数字经济产业链条和数字贸易体系的优化升级，关于全球数字贸易和智能化治理合作实际上是存在摩擦和矛盾的，这导致新质生产力在赋能产业现代化体系数据化智能化时存在外部挑战和风险。由于产业间、企业间和部门间存在着"数据孤岛"现象，这对智能化的运作和决策产生负面影响。因此，要解决数据碎片化和数据冗余等现象，推动新质生产力赋能提升产业现代化体系数据化智能化建设。

第三，推动产业数字化转型持续向纵深加速发展。产业数字化转型正成为经济发展的主引擎，数字产业化发展正经历由量的扩张到质的提升的转变。产业互联网把数据作为要素，赋能每一个流程和环节，从而创造新的价值链关系，甚至会拓展价值链形成的空间。

---

① 索洛悖论，又称"生产率悖论"。20世纪80年代末，美国学者查斯曼调查了292个企业，结果发现了一个奇怪的现象：这些企业的计算机投资和投资回报率之间没有明显的关联。1987年获得诺贝尔奖的经济学家罗伯特·索洛将这种现象称为"生产率悖论"："我们到处都看得见计算机，就是在生产率统计方面却看不见计算机。"即虽然企业在计算机方面投入了大量的资源，然而从生产率的角度看，收效甚微。

新的产品和服务将伴随这一变化而产生，从而改变整个人类的生活和工作方式，尤其是改变人类与产品、技术和工艺之间的关系。产业数字化转型以数据要素和创新要素形成数字产业集群，以新质生产力带动新的数字技术涌现，充分利用数字技术与产业融合，形成新型"技术—产业"生态体系布局，赋能实体产业不断优化升级，深化数字技术在生产、分配、交换到消费各个环节的渗透和应用，利用大数据、人工智能等数字技术延伸数字化产业链，协同推进数字化农业、数字化制造业和数字化服务业以及衍生出的新业态、新模式的发展。在产业数字化转型过程中，制造业企业借助数字技术改善管理与生产方式，优化资源配置，提升企业经营效率与效益，减少资源浪费现象，提升制造业绿色技术创新水平。以信息和通信技术为基础设施核心要素的数字经济，正日益成为进一步刺激经济增长的重要力量。各行各业都在经历数字化转型。每一次历史性的工业革命都伴随着基础设施的变革。传统的商业基础设施已无法支持数字业务的运营模式和规模。数字基础设施作为一种新型基础设施体系，以信息网络为基础，全面融合新一代信息技术，以数据感知、传输、存储、计算、处理和安全为核心，以数据为关键生产要素，支撑经济社会数字化发展。

（三）加强国际合作，构建全球数字经济新格局

从全球格局来看，工业经济的发展主要由发达国家主导和支配。

发达国家的企业具有先发优势，占据了全球价值链中高附加值的位置，而把低附加值的位置留给了发展中国家的企业。数字经济的到来为发展中国家的赶超提供了新的机遇。中国、印度等新兴大国一直在大力发展数字技术和数字市场，培育了许多有影响力的数字企业，如中国的阿里巴巴、腾讯、字节跳动，印度的 Paytm、Ola 等。因此，新兴大国不仅要抓住机遇、培养能力，还要与世界各国合作，共同构建全球数字经济新格局。

虽然我国的科学技术在诸多领域都取得了重大突破与进步，但是在高端芯片、核心软件、关键材料、智能终端处理器、光刻机等"卡脖子"技术方面仍然存在着受制于人的"梗阻"，在部分关键核心领域存在基础研究薄弱、创新成果转化不足和自主研发能力欠缺等短板，导致新质生产力在赋能产业现代化体系创新化时受到现实制约。具体而言，现代化产业的数字化研发投入不足，有的方面与美国、日本和韩国等发达国家还存在一些差距，在创新交流、数据信息获取、要素自由跨境流动和劳动力技能学习等方面存在一些问题和障碍，制约了数字赋能新质生产力的发展。

2023 年以来，联合国层面加速推进制定"全球数字契约"，致力于从互联网接入、数据治理、避免互联网碎片化、人工智能治理、打造数字公共产品、信息内容治理等方面寻求全球性共识。2024 年将会涌现更多全球数字合作与治理新兴平台，尤其是"全球数字契约"有望在联合国层面开启全新的数字领域平台机制，为全球数字合作创造一个更加开放包容的生态。2024 年，中国在国际网络空间治理中也将发挥更为重要的作用，用中国行动推动全球数字经济的协同发展。在这一过程中，中国企业也必将迎来新一轮数字领域全球化的新机遇。

第七章

发展新质生产力的
鲜明特色

习近平总书记指出："绿色发展是高质量发展的底色，新质生产力本身就是绿色生产力。"① 绿色发展不仅能够为经济社会发展创造增长新亮点，而且能够促进人与自然和谐共生。加快发展新质生产力，必须牢固树立和践行绿水青山就是金山银山的理念，加快绿色科技创新和先进绿色技术推广应用，做强绿色制造业，发展绿色服务业，壮大绿色能源产业，发展绿色低碳产业和供应链，构建绿色低碳循环经济体系，不断提升经济发展的含金量和含绿量。②

---

① 习近平:《发展新质生产力是推动高质量发展的内在要求和重要着力点》,《求是》2024 年第 11 期。
② 参见谢礼圣:《发展新质生产力具有重大意义》,《人民日报》2024 年 2 月 22 日。

一、绿色发展让绿水青山
　　兑现为金山银山

　　建设生态文明，是一项重大使命，事关中华民族的永续发展。经济发展不能以破坏生态为代价，生态本身就是经济，保护生态就是发展生产力。抓生态文明建设，要树立绿水青山就是金山银山的理念，实现可持续发展。确保良好的生态环境成为人民群众幸福生活的增长动力，成为经济社会持续健康发展的支柱，让自然环境更加优美、资源更加丰富，实现高质量发展。

（一）把握绿水青山就是金山银山的深刻内涵

　　绿水青山就是金山银山被称为"两山理论"。"绿水青山"指的是良好的生态环境与自然资源，"金山银山"指的是经济发展与物质财富。绿水青山就是金山银山深刻揭示了保护生态环境就是保护生产力、改善生态环境就是发展生产力的道理。

　　第一，绿水青山就是金山银山揭示了保护生态环境和经济发展的关系。按照马克思主义的说法，"人靠自然界生活"①，自然提供了

①《马克思恩格斯文集》第 1 卷，人民出版社 2009 年版，第 161 页。

生产资料，同时也为人类社会的发展提供了生活资料来源。绿水青山就是金山银山，是对马克思主义关于人与自然、生产和生态的辩证统一关系认识的深化。人和自然在社会生产中是同时起作用的，离开自然界和外部世界，财富就不可能创造出来。生态环境保护好了，自然价值就会得到保护，自然资本就会得到增值，就能保持发展的潜力和后劲，就能使经济社会不断得到发展。河北塞罕坝林场所创造出来的荒原到林海、沙地到绿洲、青山到金山的巨大转变，吉林查干湖渔场做到保护生态与发展旅游协调一致，陕西安康茶农们以茶为业、靠茶致富的鲜活事实告诉我们，保护好生态就会得到大自然的回报。保护生态环境，实现发展方式的绿色转型，就能使创新动能和市场空间被激活，进一步促进经济社会与自然和谐发展。

第二，绿水青山就是金山银山阐明了保护生态环境与生产力发展的关系。科学的生态观体现在保护自然和生产力发展的统一上。保护生态环境是通过减少人类活动对自然资源的浪费和破坏，从而达到合理、有序、有节制地开发利用自然资源。珍惜生态环境，才能获得宝贵的、增值的自然资源保护效益。良好的生态不仅可以创造良好的经济价值，而且可以使经济社会实现可持续发展，不断提高综合效益。习近平总书记深刻指出："生态本身就是价值。这里面不仅有林木本身的价值，还有绿肺效应，更能带来旅游、林下经济等。"[1]绿水青山就是金山银山，要求我们在提高社会生产力发展水平

---

① 习近平:《论坚持人与自然和谐共生》，中央文献出版社 2022 年版，第 141—142 页。

绿水青山就是金山银山理念的提出地——浙江省安吉县余村　中新图片／柱子

的同时，要从生态平衡的角度去衡量自然资源开发利用的经济和社会效益。淘汰落后生产方式和装备，对污染严重的企业实施关闭和清理，推行清洁生产，推动产业结构升级，促进绿色消费，发展绿色经济，保证和促进生产力不断提高。

第三，绿水青山就是金山银山诠释了保护生态环境与改善民生的关系。良好的生态环境是全体人民共同拥有的财富，是大自然给予人类的最公平的共同利益，也是人类受益最广泛的福祉。习近平总书记曾指出："绿水青山可带来金山银山，但金山银山却买不到绿水青山。"[1] 山峦叠翠、层林尽染，平原无际、蓝绿交融，城乡鸟语花香，这样的生态优势不是有钱就能买来的。"鱼居水草，鸟居良木"，投资开发、工作生活、旅游观光，如果各方面条件都具备了，绿水青山就更有吸引力了。绿水青山能够为人民群众提供健康保障，让人民群众"望得见山、看得见水、记得住乡愁"，以良好的自然环境满足人民群众对优质生态产品和优美生态环境的新期待，为实现人与自然的生命共同体、共享自然生态发展成果、服务民生和改善民生提供更好的服务。

（二）认识绿水青山就是金山银山的深远意义

绿水青山就是金山银山是对马克思主义生态观的创新发展。切

---

[1] 习近平：《之江新语》，浙江人民出版社 2007 年版，第 153 页。

实把绿水青山就是金山银山理念落实到经济社会发展实践中，是实现生态环境高水平保护和经济高质量发展的重要途径。绿水青山就是金山银山理念对于推动解决新时代我国社会主要矛盾，开创新时代中国特色社会主义事业新局面，推动全球生态治理，都将发挥重要影响。

第一，绿水青山就是金山银山有利于社会主要矛盾的解决。党的十九大报告指出，我国社会主要矛盾已经转化为人民日益增长的美好生活需要和不平衡不充分的发展之间的矛盾。这个主要矛盾的认识，与我们现阶段的实际情况是相适应的。随着社会的进步，人们对美好生活的需要呈现出多层次的需求，既包括充分发展物质生产力和经济效益，也包括增加个人物质财富。绿水青山就是金山银山理念坚持经济发展与生态环境保护互相协调、互相促进的思维方式，这种思路主要是通过发展以产业结构优化升级为目标的绿色、循环、低碳经济来实现的。要为改善人民生活水平创造条件，转变经济发展方式，确保经济持续增长。这就要求着眼于为全面发展创造更加优越的社会环境，解决当前我国社会的主要矛盾，实现经济与生态的共赢发展，以更好地满足人民日益增长的美好生活需要。

第二，绿水青山就是金山银山有利于社会主义生态文明建设。生态文明建设是以科技引领生态文明建设，把生态环境保护和经济发展有机结合起来，以改善生态环境、提高人民生活质量、促进可持续发展为目的。为引导人民正确认识和改善环境，致力于建设社会主义生态文明提供理论指导，就要把绿水青山就是金山银山的理念作为推进现代化建设的重大发展理念和重大原则。认真践行绿水青山就是金山银山的理念，通过绿色的生产生活方式，推动经济社会发展，提高人民生活水平，既能营造良好的生产生活环境，又能突破环保瓶颈。推进经济结构转型，主要以人文、资源、环境等指标为衡量标准，向社会发展的基本价值层面延伸，以优化经济结构为目标，改善生态环境，提高生活质量。这一理念将为推动中国特色社会主义事业开创新局面，为实现建设美丽中国、建设社会主义现代化强国的宏伟目标不断提供内在动力。

第三，绿水青山就是金山银山有利于全球生态治理。以追求资本增长为核心，对自然资源不加限制地掠夺，造成过度开发和滥用环境的资本主义发展观，必然会造成全球性的严重生态危机。坚持以人民为中心，就要落实绿水青山就是金山银山的理念，从根本上找到解决生态环境危机的新思路。在绿水青山就是金山银山理念中，生态系统有了相对独立的意义，经济体系与生态体系不再以"主—客"的方式来形成对立，而是一个相互促进的统一体。在处理世界经济发展与生态环境保护的关系上，坚守绿水青山就是金山银山理念，我们将通过农业、制造业、工业、服务业等方面的经验和借鉴，为发展中国家解决经济发展中的生态环境问题提供有益的指导和实践经验，为生态产业创造大量的绿色就业机会。在推进全球生态治理，化解全球生态危机，维护全球生态安全，促进人与自然和谐共生，建设清洁美丽世界等方面，中国智慧和中国方案发挥了重要推动作用。

（三）兑现绿水青山就是金山银山的实践路径

党的二十大报告强调："必须牢固树立和践行绿水青山就是金山银山的理念，站在人与自然和谐共生的高度谋划发展。"把绿水青山转变为金山银山，是建设生态文明的重要举措，是践行绿水青山就是金山银山理念的具体体现。要变绿水青山为金山银山，就必须坚持把建设美丽中国作为基本遵循，坚持以习近平生态文明思想为指导，探索行之有效的实践路径。

第一，大力推动绿色转型发展。绿色转型发展坚持建立健全绿色管理保障机制，以生态文明建设为统领，以循环经济为基础，推动可持续发展，实现人与自然和谐发展的目标，实现资源节约，环境友好，生态平衡。绿水青山就是金山银山，主要通过深化对生态环境与人类社会关系的认识，保证经济社会实现高效、和谐、可持续的绿色发展。绿色发展理念要实现符合生态文明建设标准要求的绿色转型，就必须通过供给侧结构性改革、开辟生态产业新路径，把绿色生态科技成果转化为生态经济发展的重要支撑，优化产业和产品结构，推动产业生态化转型。因此，要坚持生态优先、绿色发展，广泛实施节能环保产业、清洁能源产业、生态环境和社会管理等方面的生态科技工程，推动能源生产和消费革命。要完善财税、金融、投资、价格政策和支持绿色发展的标准体系，突出绿色金融的血脉纽带作用，以资本为纽带、以资本为杠杆，推动绿色发展，加快构建绿色循环发展的经济体系，实现绿色转型发展。

第二，深入解决环境污染问题。今天，中国的环境承载能力已经不容乐观，很多领域环境问题和矛盾突出。习近平总书记强调，对破坏生态环境、大量消耗资源、严重影响人民群众身体健康的企业，要坚决关闭淘汰。解决现在的环境污染问题，影响的不仅是现在，对将来也是有好处的。需要建立以解决危害公众健康的环境问题为重点，政府主导，企业唱主角，社会团体和公众共同协作参与的环境治理框架。以生态系统为抓手，以深入查找和消除污染源头为目标，合力推动经济实现高质量发展，保护生态，着力解决环境和自然污染问题。要坚持精准防控、科学防控、依法防控，持续深入打造水域清洁、天空湛蓝、土地净化、天清地绿的美丽中国。加大土壤污染防治修复力度，扩大环境容量，改善人民群众生态环境，提升环境基础设施建设水平，加快推进重点流域和区域性水污染治理，促进城乡居民人居环境改善。优化生态环境管理体制，强化党和国家生态文明建设主体地位，加强生态文明建设统筹规划和组织领导，发挥国有自然资源资产管理和自然生态监管机构作用。

第三，加大生态系统建设力度。绿水青山就是金山银山理念要求构建一个具有多样性、稳定性、持续性的良好生态系统。生态系统建设要把握生态系统的内在规律，协调发展各种自然生态要素，实现自然生态多样性、稳定性、持久性的不断发展。积极开展重大工程修复，建立生态安全屏障，构建生态廊道和生物多样性保护网络，坚持以保护为主，注重自然修复，加强重要生态系统保护。致力于构建健康、安全、友好的自然生态格局，提升生态系统的品质和稳定性。坚持尊重自然、顺应自然、保护自然的规律，牢固树立生态系统观念，坚持用科学的方法对山川河流、湖泊草原、荒漠进行整体治理和保护修复。在国家和地方推进生态系统保护与修复项目时，要根据不同区域的特点，选择适宜的方式进行不同的生态修复，做到层层推进，多角度推进。要让绿水青山永葆生态本色，生态系统永续发展。

2021 年 10 月，厦门筼筜湖生态修复作为中国国土空间生态修复典型案例入选联合国《生物多样性公约》第十五次缔约方大会（COP15）生态文明论坛主题四——"基于自然解决方案的生态保护修复"论坛。图为航拍厦门筼筜湖及周边城市景观　中新图片 / 王东明

二、绿色科技引领助力
　　碳达峰碳中和

2024 年《政府工作报告》提出，加强生态文明建设，推进绿色低碳发展。绿色低碳发展是优质发展的底色，而新质生产力本身就是绿色生产力，要实现碳达峰碳中和，就必须加快发展方式绿色转型。

（一）推进碳达峰碳中和具有重大意义

习近平总书记强调，实现碳达峰碳中和，是贯彻新发展理念、构建新发展格局、推动高质量发展的内在要求，是党中央统筹国内国际两个大局作出的重大战略决策。如期实现碳达峰碳中和目标是立足中国经济社会高质量发展的必然抉择，意义重大。

第一，推动碳达峰碳中和是党和国家的重大决策部署。党的二十大报告高度关注绿色低碳发展，对"积极稳妥推进碳达峰碳中和"作出明确部署，要求发展绿色低碳产业，加快节能降碳先进技术研发和推广应用。2022 年中央经济工作会议提出，在落实碳达峰碳中和目标任务过程中锻造新的产业竞争优势。《中共中央　国务院关于完整准确全面贯彻新发展理念做好碳达峰碳中和工作的意见》

和国务院制定的《2030年前碳达峰行动方案》提出"加快先进适用技术研发和推广"。坚持按照党中央、国务院有关部署，国家发展改革委等部门联合印发的《绿色低碳先进技术示范工程实施方案》提出了开展碳达峰碳中和的具体工作要求，对于加快推进科技成果转化和产业化推广，推动绿色低碳产业发展，实现碳达峰碳中和目标要求，具有十分重要的意义。

第二，推动碳达峰碳中和能促进经济高质量发展。推动绿色低碳转型，将从源头上实现碳排放与经济增长脱钩，对实现经济高质量发展具有重大作用。从理论上讲，绿色转型全面推进越顺利，就对按计划实现碳达峰碳中和目标越有帮助。在关键技术创新环节加强支持引导，推动碳达峰碳中和，做到技术从实验室走向市场，出台好推动绿色低碳先进技术示范工程实施方案，激发市场和社会创新活力。中国作为世界上最大的发展中国家，发展是第一位的头等大事。受新冠疫情影响，我国经济面临稳增长压力。面对绿色低碳转型要求，要更好应对全球经济发展的挑战，更需要保持战略定力，强化统筹发展、统筹安全的战略思维，在降碳、减污、扩绿、增长等方面统筹推进产业结构调整，统筹推进污染治理，统筹生态保护，统筹应对气候变化。积极稳妥地推进碳达峰碳中和，只有坚持经济社会发展全面绿色转型，才是一条可行之路，才能为经济社会的优质发展创造更好的条件。

第三，推进碳达峰碳中和是保障能源战略安全的一项重要措施。在国家繁荣发展、人民生活改善、社会长治久安等方面，保障能源安全是事关国家经济社会发展、事关战略全局的任务，意义十分重大。在能源供需格局发生新变化、国际能源发展出现新动向的情况下，习近平总书记强调要推动能源消费革命、能源供给革命、能源技术革命、能源体制革命，全方位加强国际合作，这个重要指示是我国能源发展的根本遵循。在遵循能源安全新战略的科学指引下，加快建设清洁、低碳、安全、高效的能源体系，为我国构建现代化经济体系提供强有力的能源支撑。能源产业必须积极应对内外部环境变化所带来的新挑战，促进碳达峰和碳中和，为全面提升气候安全保障水平、有效应对气候变化挑战、保障国家能源安全，协调经济、社会和生态文明建设作出贡献，从而实现绿色低碳发展再提速，为协同可持续发展提供可靠支撑。

（二）依靠绿色科技创新助推绿色低碳转型

实现经济社会发展全面绿色转型，必须坚持系统思维，推进绿色低碳技术创新，培育绿色新动能，加强传统产业合理转型，加快推进能源绿色低碳发展，努力完成由传统粗放型发展模式向高质量绿色低碳发展模式的转变。

第一，实施绿色低碳转型新赛道战略。实施绿色科技创新向低碳转型发展的新赛道战略，是实现经济增长方式转变的重要目标。

福建省平潭县海上风电场　中新图片 / 张斌

通过发挥现有产业优势，在风电、光伏、新能源汽车、储能等绿色低碳领域取得突破，做好新能源基础设施超前布局，巩固壮大绿色新动能，打造质量效益先进的产业集群。通过数字化和低碳化两方面的转型，实现传统基础原材料的产业转型升级。积极扶持企业实施绿色创新设计，加强产品结构升级，优化工艺流程、创新控制系统，加快产品循环利用，全面提高企业能效水平。加大绿电发展和投入使用，推动绿色低碳领域服务业发展，助推氢能、CCUS（碳捕获、利用与封存技术）等未来产业的创新发展。

第二，实现绿色低碳转型能源发展转变。积极推进习近平总书记倡导的能源消费革命、能源供给革命、能源技术革命、能源体制革命和全方位加强国际合作的能源安全新战略，统筹协调能源供给、能源需求、能源技术创新及国际合作。以保障能源安全为前提，实现目前以化石能源为主体的能源系统向未来以可再生能源为主体的新型能源系统的转变。创新发展能源体制机制，形成支持新型能源系统快速发展的局面，为绿色低碳转型发展提供保障。加大硬件、软件两方面研发力度，加快建设服务于经济社会发展、满足人民日益增长的美好生活需要的新型能源体系。

第三，打造绿色低碳技术创新体系。大力推进科技创新，推动科技绿色低碳变革，推动经济社会向绿色发展全面转型。加强基础研究和前沿技术布局，形成科学、技术、规划合理布局和技术发展路线图的碳达峰碳中和行动计划的科技支撑。指导开展有关低碳技术、气候变化等领域基础理论和方法研究，助力低碳前沿技术攻关。

加强国家级科技创新平台建设，为实现碳达峰碳中和目标，建立完善的人才体系。加快研发推广先进适用技术，在发展智能电网技术上做好文章。强化新型储能技术攻关示范和产业化应用，抓好关键技术研发示范和氢能生产、储存、应用等环节的规模化应用。加强绿色低碳技术评价、交易体系和科技创新服务平台建设，形成促进规模化碳捕获、利用和封存技术研发、示范、产业化应用的经济社会发展综合绿色转型创新体系。

（三）推动碳达峰碳中和目标落实

实现碳达峰碳中和目标是一场广泛而深刻的变革，不是轻轻松松就能实现的。碳达峰碳中和目标提出后，社会各界对这场变革的重要性、紧迫性和艰巨性，形成了比较统一的思想认识，必须按照推进碳达峰碳中和工作的时间表、路线图和施工图，扎扎实实把党中央决策部署落到实处。

第一，抓好"1+N"政策体系的落实。2021年，《中共中央 国务院关于完整准确全面贯彻新发展理念做好碳达峰碳中和工作的意见》《2030年前碳达峰行动方案》等重要政策文件陆续发布，"1+N"的碳达峰碳中和政策框架正在迅速搭建。国家发展改革委在全国生态日主场活动上发布消息称，已建立碳达峰碳中和"1+N"政策体系，目前正持续推进落实工作。相关负责人表示，中国提出"力争2030年前实现碳达峰、2060年前实现碳中和"目标三周年以来，节能降碳成效显著。[①] 我国对应对气候变化工作高度重视，把落实"1+N"政策体系作为工作重点，通过调整产业结构、优化能源结构、提高节能效率、建立市场机制、增加森林碳汇等一系列政策措施的实施，在落实碳达峰碳中和目标等方面取得了积极进展。

第二，实现减污降碳协同增效。当前，我国正以减少碳排放为重点，以促进经济社会全面向绿色发展转变为重点，以促进减污减碳取得共同效益为目标，从而实现生态环境质的提升，步入生态文明建设的攻坚阶段。积极稳妥推进碳达峰碳中和工作，为加快建立碳排放总量和强度"双控"制度创造条件，各有关部门共同努力，加快建立碳排放统计核算的一致性、规范化体系。为实现区域环境质量改善和碳达峰碳中和目标，加强生态环境准入管理，加强区域生态环境管控，制定产业准入和退出清单制度。对于那些高能耗、高排放、低水平的项目，坚决制止其盲目开发行为。明确工作定位，不断完善国家碳市场法规政策体系，建立有效的数据质量管理机制，促进经济社会全面向绿色转型，才能有效利用碳市场作为控制温室气体排放的政策工具，实现由量到质的生态环境质量逐步转化。

第三，做好绿色低碳发展工作。党的二十大明确了到2035年我国发展的总体目标，"广泛形成绿色生产生活方式，碳排放达峰后稳中有降，生态环境根本好转，美丽中国目标基本实现"是其中的重

---

① 参见刘柏煊、杨少鹏：《双碳"1+N"政策体系构建完成并持续落地》，央视新闻客户端 2023 年 8 月 15 日。

要内容。要坚持把减污降碳协同增效作为促进经济社会发展全面绿色转型的总抓手，强化源头治理、系统治理、综合治理，加快调整产业结构、能源结构等，形成以绿色低碳为特征的产业体系、能源体系和生活方式。①统筹经济增长与保护生态环境的关系，是推进绿色低碳发展的关键。既要保证在自然资源和生态环境可承受的范围内开展经济活动和人类行为，又要切实把实现碳达峰碳中和目标落到实处，向全面实现绿色转变，促进经济社会发展。

---

① 参见寇江泽、丁怡婷：《积极稳妥推进碳达峰碳中和》，《人民日报》2023 年 4 月 6 日。

三、绿色金融让政策与资本
　　共筑绿色产业

党的二十大报告指出："加快节能降碳先进技术研发和推广应用，倡导绿色消费，推动形成绿色低碳的生产方式和生活方式。"绿色金融能形成基本的资金导向，引导经济社会资源向绿色产业倾斜，促进产业结构调整，推动绿色消费，对生态环境保护、社会可持续发展起着重要的促进作用。

（一）绿色金融对产业发展的作用

在绿色金融领域，通过引导更多金融资源投向绿色低碳领域，形成了金融业持续推动实体经济绿色发展的新格局。绿色金融通过对绿水青山就是金山银山理念的践行，已成为助力经济社会绿色化、低碳化发展的重要举措，对推动经济绿色转型、绿色低碳产业高质量发展具有重要作用。

第一，绿色金融助推传统行业转型升级。传统行业是中国经济发展的重要角色，随着碳达峰碳中和目标的提出，实现传统行业绿色转型升级是绿色低碳发展的必然要求。绿色金融借助金融交易的资产定价功能，实现为碳环境容量定价。首先，通过市场价格机制的作用，把资源和生产要素引导到低碳项目，为低碳项目发展创造条件。其次，通过将环境风险线性化，对使用自然资源的负外部性实现内部化，迫使要素生产率低下、环境成本高企的部分传统行业受到限制而淘汰落后产能，实现新旧动能转换的步伐进一步加快，逐步实现传统产业的转型升级。

第二，绿色金融推动绿色项目落地。绿色项目包括节能、污染防治、资源节约与循环利用、清洁交通、清洁能源以及生态保护与适应气候变化等六大类型。从项目的产业结构来看，绿色项目总体上具有前期一次性投资较大，后期经营回报时间长的显著特点。而那些支持性、改善性项目，后期回报难以用经济利益计量，仅靠项目公司的自有资金，会影响项目进度，造成落地困难，甚至流失。绿色金融可以发挥优化金融资源配置的能力，通过寓节能、环保、低碳理念于金融机构日常经营活动当中，采取差别化信贷政策手段，引导资金逐步退出"高碳"行业，流向碳达峰碳中和项目，从而提高绿色项目的融资可获得性。此外，通过绿色债券、绿色基金、绿色保险、碳权益等多种形式，有效激发民间绿色投资活力，可以让更多社会资本参与绿色项目，形成新的资金导向。

第三，绿色金融赋能绿色产业发展。支持绿色产业主体发展是推动生态文明建设和高质量发展从量变到质变的重要途径。当前，我国已进入依靠消费拉动经济增长阶段，加快绿色产业主体发展既需要供给侧持续发力，又要靠需求侧拉动。为此，绿色金融通过普惠金融发展引导绿色消费，赋能绿色产业主体发展。通过面向消费端的金融机构采取线上和线下金融服务入口，为消费者提供绿色产品信息和普及低碳消费理念，从而引导消费者增加绿色产品消费，选择低碳生活方式，有效提升绿色低碳市场的参与度，进而推动绿色产业主体发展。此外，通过开发面向消费端的绿色金融产品，如对持"绿色卡"用户购买绿色产品和服务予以折扣优惠，提升绿色消费需求，强化企业和消费者的绿色偏好，与供给端绿色金融形成合力，共同促进绿色低碳企业发展。

（二）影响绿色金融服务于绿色产业发展的制约因素

近年来，金融机构充分使用碳减排支持工具、煤炭清洁利用再贷款等货币政策工具，为绿色低碳生产提供低成本融资。金融机构探索差异化的绿色金融管理和服务方式，引导绿色信贷资金精准滴灌清洁能源等重点领域，持续推动产业链绿色转型。但同时，也有一些因素对绿色金融服务于绿色产业发展造成了制约。

第一，融资约束困境。当前，绿色转型发展虽然取得了一定阶段性成果，但仍处于起步阶段，尚未形成规模效应和叠加效应。新时代，锚定碳达峰碳中和目标，要形成绿色低碳循环发展的经济体系，归根结底就是要把生态治理和产业绿色转型发展有机结合起来，既要打好污染防治"保卫战"、生态系统"修复战"，又要打好产业绿色发展"转型战"、双碳双控"持久战"。但是，用绿色驱动绿色，不论是产业基础性优化还是突破性创新都需要庞大资金的持续性投

2024 年 3 月 28 日，博鳌亚洲论坛 2024 年年会"一带一路"绿色投融资圆桌会议在海南博鳌举行　中新图片 / 田雨昊

入，资金缺口或成为制约绿色产业跑出"加速度"的重要因素。解决资金缺口，政府资金只能覆盖小部分，必须运用市场化、社会化手段破解绿色产业融资约束难题。

第二，金融机构服务于绿色产业发展的参与度有待提升。在既定的政策目标下，我国绿色金融市场将继续稳步发展。一方面绿色金融政策体系会进一步完善，另一方面绿色金融市场规模将加速扩容。但需要指出的是，我国绿色金融在快速发展的过程中依然存在一些不容忽视的问题，主要体现在三方面：一是绿色金融配套基础设施比较薄弱，绿色金融业务的开展面临着信息不对称、产品和分析工具不足等问题；二是国内尚未形成适用于不同业态的绿色项目界定标准，增加了绿色投资过程中绿色资产、绿色项目的识别成本；三是绿色金融与财税政策、环保政策的衔接度有待提高，绿色投融资所面临的期限错配、信息不对称、产品和分析工具缺失等问题尚未得到有效解决。

第三，绿色金融服务作用发挥不够。当前我国绿色金融政策体系与绿色产业发展的要求仍有较大差距，不能完全满足绿色产业发展提出的需求。绿色金融产品和服务供给单一，主要是以项目融资、绿色信贷为主，产品研发创新能力仍然不足，在绿色资产证券化、绿色消费信贷、碳资产管理等方面的有效性有待加强。绿色金融服务还存在信息不对称、标准不健全等问题，导致绿色金融支持绿色产业发展存在一定壁垒。

（三）绿色金融服务于绿色产业发展的路径

近年来，我国绿色金融蓬勃发展，为相关领域资金需求和资源优化配置提供了重要支撑。绿色金融在促进全社会绿色低碳转型方面展现出巨大潜力和价值。面向未来，要以更高质效的绿色金融为我国高质量发展赋能，实现绿色金融服务于绿色产业发展的目标。

第一，完善绿色金融服务于绿色产业的配套机制建设。在发挥绿色金融服务于绿色产业建设方面，需要完善配套的制度机制。一是构建绿色金融统一标准体系。通过建立统一的标准定价和市场准则，推动市场主体积极开展低碳转型实践，引导企业从内部强化绿色低碳发展能力，从而为绿色金融发展奠定良好的市场基础。二是落实差异化的行业管理。通过做好绿色金融业务的加减法，形成政府公共政策结合市场的运作机制，为转型经济、低碳经济项目的信贷做加法，为高碳行业信贷做减法，发挥金融功能引导金融资源向绿色发展的作用，从而引领产业生态化。三是发挥绿色金融风险防范机制作用。健全问责制度，制定投融资风险考核机制，加强绿色金融发展监管。同时，建立绿色金融风险补偿制度，通过担保和保险体系分散金融风险。

第二，拓展绿色金融资本服务于绿色产业发展的渠道。进一步完善多层次绿色金融机构体系和多元化绿色金融产品体系。以现有金融机构为基础，打造高水平的绿色金融生产链条，同时适当引入激励约束机制，充分调动证券、保险等非银行金融机构的积极性，扩大绿色金融参与主体。深入优化现有绿色金融产品和服务，加快推进产品服务创新，积极探索发行适合行业区域特点的绿色金融产品和绿色债券等。逐渐形成多层次、多元化的绿色金融市场体系，提供更友好、可预期的政策环境，吸引各类资本参与绿色产业建设。

第三，建立绿色金融服务可持续发展的互联机制。金融监管部门之间、金融监管部门与政府行政管理部门之间建立完善有效的跨部门协调机制，以保证绿色金融推动绿色产业可持续发展。要让绿色金融理念得到广泛认同，并搞好推广，引领绿色产业可持续发展。建立便于调度绿色金融工作的机制，利用金融工具和相关政策为绿色发展服务，指导金融机构通过发展绿色金融大力支持绿色低碳高质量发展。通过建立跨部门信息共享机制，实现各部门间的信息互联、数据共享，促进跨部门的联合协商和治理，全面形成各职能部门的工作合力。

第四，增强绿色金融服务于绿色产业发展供给的能力。绿色项目大多周期长、回报率低、风险大，生态效益和社会效益的价值难以精确量化。金融机构坚持以提升绿色金融质效为导向，通过积极创新推广适销对路的绿色金融产品，加大绿色金融向新能源体系、能源保供和转型、绿色低碳技术研发等碳达峰碳中和重点领域的倾斜力度，形成可持续可推广的模式。同时，全方位强化风险防控，有针对性地建立绿色金融监测与分析模型，精准识别各类风险，提升绿色金融风险的预见、应对和处置能力，有效防范金融风险，全面提高绿色金融服务于绿色产业发展的能力。[①]

① 参见孙珏琦等:《绿色金融是推动绿色低碳产业高质量发展的关键力量》,《金融时报》2023 年 4 月 24 日。

第八章

形成新质生产力的
生产关系

马克思主义基本原理指出，生产力决定生产关系，生产关系反作用于生产力。新质生产力的发展，决定了与之相适应的新质生产关系需要动态发展。生产关系一般分为三个方面，即生产资料的所有制形式、人们在生产中的地位与相互关系、商品的分配形式。新质生产力是一场生产方式、生活方式的深刻变革，塑造适应新质生产力的新质生产关系也是一场深刻的革命。

一、深化体制改革，建立高标准市场体系

习近平总书记强调："市场决定资源配置是市场经济的一般规律。"市场经济实质上就是市场决定资源配置的经济。优化生产资料的供给和配置，最为重要的是加快建设高效规范、公平竞争、充分开放的全国统一大市场。

（一）构建全国统一大市场

构建一个高效规范、公平竞争、充分开放的全国统一大市场，已成为推动我国经济持续健康发展的关键战略选择。这不仅是实施扩大内需战略、建立新发展格局的基础支撑，更是完善社会主义市场经济体制的内在需要。全国统一大市场的建立，将推动商品、服务和生产要素在我国范围内的自由流通，极大提升市场资源配置效率，为优化产业布局、激发市场活力提供强大动力。

为保证全国统一大市场的顺畅运作，必须夯实市场基础制度建设。这包括完善市场规则、优化市场环境、提升市场监管效率等几个方面。同时，推动市场基础设施的互联互通至关重要，以保证商品、服务和生产要素的高效流动。市场监管是保证市场公平竞

争、维护市场秩序不可或缺的一环。构建公平、规范、高效的市场监管体系，既要强化对市场主体的监管，也要加强对市场行为的监督，保证市场主体的合法权益得以充分保障，市场秩序得以有效维护。

全国统一大市场的建立，需要高标准打造商品、服务和生产要素市场。这要求在商品质量、服务水平、要素配置等方面制定并实施统一、严格的标准。同时，要大力发展现代流通体系，降低交易成本，提升市场效率，进一步增强统一市场的规模效应和集聚效应。乡村振兴与新型城镇化，是推动中国经济社会发展的两大引擎。深入实施乡村振兴战略和新型城市化战略，可以推动城乡要素自由流动，调动城乡融合发展的巨大潜力，为全国统一大市场的建设提供坚实保障。

鉴于我国区域辽阔，不同地区资源禀赋与发展基础各异，建立促进区域协调发展的机制至关重要。这将有利于生产要素在更大范围、更宽领域内的优化配置，推动区域经济合理布局，提升整体经济效益，为全国统一大市场的建设营造良好环境。法规与规范是维护市场公平竞争、维护市场秩序的重要手段。加快统一市场法规和规范的制订与修订，以减少妨碍市场统一与公平竞争的规范与做法，保证市场规则在我国范围内的统一适用，为市场主体的公平竞争提供坚实保障。

（二）深化要素市场化改革

全国统一大市场的建立，是我国经济高质量发展的重要措施，其内涵丰富、意义重大。要素市场作为市场的核心部分，其完善与发展直接关系到资源配置的效率和公平性。所以，推进市场化改革，推动要素市场的健全与发展，是当前经济工作的重点。

在推进要素市场化配置综合改革试点的过程中，首先要健全要素市场体系，扩大配置范围。这意味着需要突破行政性垄断和市场壁垒，推动要素价格市场化改革。通过改革，才能保证要素价格由市场供求关系决定，达到流动自主有序、配置高效公平。

在农村土地要素市场方面，必须系统推动农村土地征收、集体经营性建设用地入市、宅基地制度改革。这些改革措施旨在确保农民土地权益得到充分尊重，促进土地要素的自由流动与优化配置。同时，通过加速建立城乡统一的建设用地市场，为农村经济的稳健发展提供坚实保障。

劳动力与人才是推动经济社会发展的核心动力。所以，深化户籍制度改革，降低劳动力与人才在城市、区域及不同所有制单位间的流动壁垒，显得尤为关键。这要求推动户籍制度与公共服务、社会保障等制度的紧密衔接，确保劳动力和人才能够顺畅流动，为经济发展注入持久活力。同时，还需要关注劳动力市场的供需平衡，加强职业技能培训和人力资源开发，提高劳动力素质和竞争力。

资本市场作为要素市场的核心构成部分，其稳健发展对于促进实体经济的壮大具有举足轻重的意义。需要强化资本市场基础制度建设，推动多层次资本市场健康发展。这包括完善资本市场的法律法规执行、监管等体系确立，提高市场透明度和公正性。通过这些措施，为企业融资和发展创造良好环境，促进资本市场的稳定与繁荣。

随着科技的迅猛发展，科技要素市场的影响日益突出。应加快发展技术要素市场，优化技术资源配置方法。这需要建立健全科技转移转化机制，以促进科技成果的产业化应用。通过加强产学研合作、完善科技创新政策体系等措施，为经济社会的可持续发展提供强大科技支撑。

在数字经济时代，数据已成为一个新型的生产要素。为了提升国家竞争力、推动社会进步、促进经济繁荣，我国亟须建立健全的数据基础制度体系。这一体系应涵盖数据产权、流通交易、收益分配以及安全管理等多个方面，确保数据的合法、合规、高效利用。我们必须以全局性、系统性的视角，全面推动数据基础制度体系的建设，为数据资源的有效配置和高效利用提供坚实的制度保障。同时，要高度重视数据的安全管理，确保数据安全、可靠、可控，为数据产业的健康发展提供有力支撑。这需要加强数据资源的整合与共享，促进数据经济和实体经济的深度融合。通过培育数字产业、推动数字化转型等举措，形成富有全球竞争力的数字产业集群，为经济社会发展提供新动能。

国家数据局的成立，对于强化数据要素制度供给，构建数据流通体系，激活数据生产力，对于构建新发展格局、建设现代化经济体系、构筑国家竞争新优势具有重大意义。图为 2023 年 10 月 25 日国家数据局挂牌成立　中新图片 / 蒋启明

在加快要素价格市场化改革过程中，完善由市场供求关系决定要素价格的机制至关重要。需要强化市场监管，避免市场垄断和不正当竞争行为的出现。同时，依法保护公共利益，杜绝政府对价格机制的不合理干预，确保市场价格的合理形成。通过上述措施，保证市场健康有序发展，为经济高质量发展提供有力保障。

总之，构建全国统一大市场是推动我国经济高质量发展的重要举措。在完善要素市场的过程中，必须推进市场化改革、突破行政性垄断和市场壁垒、推动要素价格市场化改革等。通过上述努力，促进要素市场的自由流动和优化配置，提升资源配置效率与公平性，推动经济的持续健康发展。

（三）建设高标准市场体系

建设高标准市场体系，对于市场经济的稳健运作、国家经济的长远发展和国际竞争力的提升具有重大意义。所以，优化市场体系，坚持平等准入、公正监管、开放有序和诚信守法的原则，是推动经济社会发展的关键内容。

产权制度的健全是建设高标准市场体系的关键环节。构建一套现代产权制度，在于产权归属清晰、权责明确、保护严密以及流转顺畅，唯有如此，才能有效激发市场主体的积极性和创造力。这要求运用法律手段明确产权归属，保障产权权益，同时促进产权的顺畅流转和交易，以激发市场活力，推动市场经济繁荣发展。

知识产权是创新成果的重要保证，唯有保证创新者获得相应的利润，才能调动市场主体的创新热情。所以，必须健全知识产权保护制度，加强对知识产权侵权行为的打击力度，为科技创新提供坚实的法制保障。这将有助于调动市场主体的创新能力，提高市场经济的活力。

市场准入负面清单制度是建设高标准市场体系的有力举措。通过明确列出限制和限制投资经营的行业、领域、业务等，为市场主体提供清晰的投资与经营预期，降低市场准入门槛，提高市场竞争的公平性。这也意味着必须建立健全市场准入负面清单制度，确保各种市场主体可以公平参与市场竞争，实现资源的优化配置。

公平竞争审查制度也是建设高标准市场体系的重要组成部分。坚持营造各种市场主体公平、良性的竞争环境，需要健全公平竞争制度监督实施机制，增强刚性约束，确保各类市场主体在市场竞争中能够公平竞争、共同发展。这将有助于增强市场经济的活力，进一步完善市场体系。

社会信用建设是建设高标准市场体系不可或缺的一环。社会信用建设是市场经济健康发展的重要保证，通过完善社会信用建设，能够增强市场主体的诚信意识，降低市场交易成本，提高市场运营效率。所以，为了确保市场经济的稳健运行和健康发展，必须建立健全市场主体信用承诺制度，同时，构建以信用为核心的新型监管体系，为市场经济的繁荣稳定提供坚实的制度支撑。

建设高标准市场体系，须从多个方面入手，包括完善产权制度、加强知识产权保护、全面实施市场准入负面清单制度、全面落实公平竞争审查制度以及全面推进社会信用建设等。这些措施将有助于促进市场公平竞争、优化营商环境、提高市场效率，从而推动经济高质量发展。只有这样，才能建设一个健康、公平、高效的市场经济体系，推动国家经济的长远发展和国际竞争力的提升。

二、打通堵点卡点，创新生产要素配置方式

2024 年 3 月 5 日，习近平总书记在参加十四届全国人大二次会议江苏代表团审议时表示，深化科技体制、教育体制、人才体制等改革，打通束缚新质生产力发展的堵点卡点。发展新质生产力，既是当前的重要发展任务，又是深化改革的必然要求。如何通过深化体制改革，让各类先进优质生产要素向发展新质生产力顺畅流动、高效配置？

（一）优化资源配置，加强技术创新与产业创新对接

在全球化的浪潮下，面对有限的自然资源和社会资源，如何高效、合理地进行配置，成为一大挑战。资源的优化配置不仅关乎国家经济的持续发展，更是国家软实力和国际影响力的重要体现。为实现资源配置的优化，首先需要精准洞察各行业的需求。通过深入的市场调研和分析，了解各行业发展的瓶颈和机遇，为资源配置提供科学的依据。

在新能源领域，随着全球气候变化和环境问题日益严峻，加大对可再生能源研发的投资，优化能源结构，减少环境污染，已成为

刻不容缓的任务。通过政策引导和市场机制，推动清洁能源的发展，不仅有助于应对气候变化，还能促进经济的绿色转型。而在医疗领域，由于人口老龄化和健康意识的增强，人们对优质医疗服务的需要也日益增加。因此，增加对新药研发和医疗器械创新的投入，提高医疗服务的水平和效率，已成为医疗资源配置的重要方向。通过科技创新和人才培养，推动医疗技术的突破和应用，不仅可以满足人民日益增长的健康需求，还能为国家的医疗卫生事业注入新的活力。

在资源配置的过程中，还必须注重公平与效益之间的平衡。既要保证资源的合理分配，防止资源的浪费和过度集中，也要发挥市场在资源配置中的决定性作用，调动社会创新活力。通过完善法律法规和政策体系，建立健全的监管机制，为资源的优化配置提供有力的制度保障。

（二）弥合"校企所"的隔阂，形成紧密型科研组织

高校作为高等教育、科技、人才资源的重要交汇点，将在发展新质生产力中展现更大作为。近年来，中国部分高校在地方政府、行业企业的支持下，建立了一些跨学科、跨领域的科研平台、创新团队和协同创新中心，但从科研组织的结构关系出发，各主体在价值导向、利益要求、目标要求等方面仍存在着很大区别。

在传统的科研模式中，高校、科研机构和公司之间一直存在着一种微妙的差异。高校、科研机构往往更侧重于基础研究和理论

创新，而企业则更注重实际应用和市场需求。这种差异在一定程度上造成了科学研究成果和市场需求间的脱节，使许多科学研究成果无法转化为实际生产力，从而限制了科技创新对社会和经济的推动作用。

高校、科研机构作为科技创新的重要源头，承担着探索未知、发现新知识和新技术的使命。在这些机构中，科研人员通过深入探索基础科学问题，提出新的理论、方法和模型，为科技进步奠定坚实的基础。然而，这种基础研究往往缺乏对市场需求和实际应用的考虑，导致一些科研成果在转化为实际产品时面临困难。

相比之下，公司更重视科研成果的市场应用与商业价值。它们通过市场调研、产品研发、市场营销等手段，将科研成果转化为具有市场竞争力的产品，满足消费者的需求。然而，由于企业往往缺乏深厚的科研背景和创新能力，难以在基础研究和理论创新方面取得突破。

为了弥补这种差异，实现科研成果与市场需求的有效对接，需要加强高校、科研机构与企业之间的合作与交流。一方面，高校、科研机构可以通过与企业合作，了解市场需求和技术瓶颈，将基础研究与应用研究相结合，提高科研成果的实用性和市场竞争力。另一方面，通过与高校、科研机构的紧密合作，公司能够获取前沿的科研成果和创新技术，进而提升自身的研发实力和市场竞争力。

另外，政府部门和社会各界也需要加大对科技创新的支持与投入。通过制定更加完善的科技创新政策，提供充足的科研经费和人

2023 年 9 月 11 日，第二届江苏产学研合作对接大会在南京开幕。142 家大院大所大学 600
多项最新科技成果现场发布、与 850 多家企业的 1000 多项技术创新需求开展对接洽谈，推动
科技成果转化、赋能产业创新发展，推动产学研深度合作，提高科技成果转化和产业化水平。
图为大会现场的"夸父一号"先进天基太阳天文台展品　中新图片／王路宪

才支持，营造良好的创新氛围，激发科研人员的创新热情，推动科研成果的转化和应用。

因此，建立更为紧密的合作关系，使高校、科研机构更深入地了解企业需求，同时让企业更快接触到最新科研成果，是提高科研成果转化率、促进产学研深度融合、为经济发展注入新活力的关键。

（三）让人才无碍流通，打响生产力提升"持久战"

科技创新是发展新质生产力的核心要素。人才在科技创新中占据了十分关键的地位。在现代社会，人才是推动经济发展的核心动力，其自由流动对于提高生产力、推动科技进步、加速产业升级具有不可替代的作用。然而，受多种因素影响，人才流动面临诸多障碍，这严重制约了生产力的提升。要破除这些障碍，促进人才流动，需要在政策和制度层面进行一系列改革和创新。建立灵活的人才引进与培养机制至关重要。

完善人才评价体系。传统的以学历、职称、经验为评价标准的方式已经不能满足现代社会的需求。需要建立一个更加科学、公正、全面的评价体系，将实际能力、潜力、创新精神等因素纳入其中。这样，才能准确识别出真正有才华、有能力的人才，并给予他们应有的待遇和机会。

拓宽人才引进渠道。在全球化的大背景下，必须充分利用全球人才资源，吸引海外高层次人才回国发展。同时，还应该加强国内各地区之间的人才交流与合作，打破地域限制，让人才流动更加自由。此外，还应该鼓励企业、高校、科研机构等建立多元化人才引进渠道，让更多的人才有机会展现自己的才华。

除了完善人才评价体系和拓宽人才引进渠道外，还需要提供个性化的培养和发展路径，以满足他们各自的需求。对于科研人员，可以建立实验室、研究机构等科研平台，提供充足的科研资源和经费支持，激发他们的创新潜力。对于企业家和创新创业人才，可以提供政策扶持、创业培训和孵化器等支持，帮助他们实现创业梦想。对于教育、医疗等公共服务领域的人才，可以提高薪酬待遇、优化工作环境，吸引他们为社会的进步贡献力量。

同时，还应该关注人才的生活品质和精神需求。在为他们提供良好的职业发展机会的同时，也需要关注他们的生活质量，创造宜居、宜业的环境。另外，还应该注重培育人才的道德与社会责任感，指导他们建立正确的价值观，为社会的和谐稳定发展作出贡献。

我们还必须意识到人才工作的长期性和复杂性。吸引和留住优秀人才是一项长期的任务，必须坚持努力。需要不断完善政策、提高服务水平、加强国际合作，为人才创造更加优越的发展环境。唯有如此，才能真正实现人才强国战略，为中华民族伟大复兴打下坚实的人才基础。通过政策和制度层面的改革与创新，突破人才流动的限制，调动人才的创新能力，才能赢得这场提升生产力的"持久战"，推动经济社会持续健康发展。同时，还必须不断完善人才政策，提升人才培养质量，为我国的长期发展打下坚实的人才基础。

三、扩大高水平对外开放，
营造良好国际环境

习近平总书记指出："开放带来进步，封闭必然落后。"[①] "中国开放的大门不会关上。""中国将在更大范围、更宽领域、更深层次上提高开放型经济水平。"[②] 我国改革开放的历史充分证明，对外开放是推动经济社会发展的重要动力，以开放促改革、促发展是我国发展不断取得新成就的重要法宝。面对世界百年未有之大变局，必须充分把握和利用国内国际两个市场、两种资源，进一步强化制度型开放。通过深化国内大循环，吸引全球优质资源要素，推动国内国际双循环相互促进，从而构建更高水平的对外开放新局面，塑造国际经济合作与竞争新优势。此举将为我国的经济社会发展注入新动力，推动我国在全球化进程中取得更加卓越的成就。

（一）扩大开放的范围和领域

在全球化的推进下，中国开放的空间布局正面临着前所未有的

[①]《习近平著作选读》第二卷，人民出版社 2023 年版，第 228 页。

[②] 中共中央文献研究室编：《习近平关于社会主义经济建设论述摘编》，中央文献出版社 2017 年版，第 287 页。

新时代中国推进高水平对外开放的重大举措——共建"一带一路"高质量发展有助于推进高水平制度型开放、推动区域开放布局优化、筑牢高水平开放安全屏障。图为第三届"一带一路"国际合作高峰论坛开幕式在北京举行　中新图片／蒋启明

机遇和挑战。为积极应对全球经济发展的新趋势，必须优化开放的空间布局，扩大开放的空间和范围，以共建"一带一路"的高质量发展为核心目标，加强多元化互利合作机制的建立。应引导沿海、内陆及沿边地区充分发挥各自优势，实现协同并进的发展。沿海地区作为我国对外开放的重要窗口，凭借其丰富的海洋资源和港口优势，应持续在国际贸易和资本流动中扮演关键角色。与此同时，内陆地区应依托其丰富的自然和人力资源，强化基础设施建设，提升产业竞争力，以吸引更多的外资和技术投入。沿边地区则可以利用其独特的地理条件，发展边境贸易和跨境旅游，推动区域经济一体化的进程。

在持续加大西部开放力度的同时，必须积极推进陆海内外联动、东西双向互济的开放格局的构建。这也意味着要加强内陆区域的开放型经济体系建设，以推动内陆区域和沿海区域、沿边区域的协同发展，形成全方位、多层次、宽领域的开放新格局。

除地理空间上的优化，还必须加强和拓展资金、资源、人才、科技等领域的国际合作。在资金方面，加强与国际金融机构的合作，从而吸引更多的外资进入；在资源方面，加强与国际资源供应商的合作，保障我国经济发展的资源需求；在人才方面，加强与国际教育机构的合作，培育具备国际视野与创新能力的优秀人才；在科技方面，加强与国际科技创新中心的协作，以促进创新成果的转化与应用。

优化商品、服务、要素的市场化及国际化配置，确保各领域开放产生协同作用，共同推动经济高质量发展。这意味着要加强市场体系建设，推动商品和服务市场的开放和竞争，提高要素市场的国际化水平，为各类公司创造更为公平、透明、便捷的市场环境。

在金融服务领域开放方面，要稳妥推动金融市场的开放与服务业的国际化。这样能够推动境内外资本市场的互联互通，推动人民币国际化进程，增强中国金融市场的国际竞争力与影响力。同时，还要积极引进全球领先的服务业管理经验与技术，以提升中国服务业的发展水平和全球竞争力。

为推动全球经济的持续繁荣与发展，必须致力于加强双边和多边经贸合作，促进贸易与投资自由化、便利化，共同打造开放、包容、互惠、共赢的国际经贸合作格局。加强与"一带一路"沿途国家的经贸合作，促进贸易与投资便利化，推动区域经济一体化。同时，还要积极参与全球经济治理体系改革，推动建立开放型全球经济，为全球经济发展贡献中国智慧与中国力量。

（二）完善对外开放平台

在全球化的背景下，各类开放平台不仅扮演着我国对外开放的重要窗口角色，还是推动体制机制创新的试验场。这些平台承载着推动经济高质量发展、促进国际经贸合作的重要使命，需要不断提升开放层次、优化营商环境，从而发挥其更强大的辐射功能，为提升中国的全球经济影响力打下坚实基础。

自由贸易试验区是我国深化改革开放的标志性工程，它们在制度方面积极创新，为我国经济的持续健康发展注入了新的活力。为了进一步激发这些试验区的潜力，需要赋予它们更大的改革自主权，让它们在实践中不断探索、勇于创新。同时，还需及时总结这些试验区的制度创新成果，并将其复制推广至全国范围，让更多的地区和企业受益。

海南自由贸易港的建立是我国对外开放战略的重要组成部分。通过建立具有中国特色的自由贸易港制度和政策体系，海南将成为连接国内外市场的重要桥梁，为中国的国际贸易与投资活动提供更为便捷、高效的服务。这将有助于提高中国在全球经济管理中的话语权和影响力，进而巩固中国的全球地位。

另外，国家新区和开发区在推动内陆区域开放型经济发展方面起到了关键作用。要不断创新提高这些区域的发展水平，支持建设内陆开放型经济试验区，为内陆区域创造更多发展机会。这将有助于减少区域间的经济发展差异，从而达到全国范围内的均衡发展。

各类开放平台是中国开放战略的重要组成部分。通过推进自由贸易试验区改革、加速建设海南自由贸易港、创新提升国家新区和开发区等措施，打造开放层次更高、营商环境更优、辐射作用更强的开放新高地，为提升中国的全球经济影响力提供有力保障。

（三）稳步扩大制度型开放

建立更高水平的开放型经济新体制，是一个长期而艰难的任务。

洋浦保税港区作为海南自贸港建设的"样板间",承担各种政策的先行先试。图为无人机拍摄的洋浦经济开发区　中新图片/骆云飞

以更加开放的姿态，主动对接国际高标准市场规则体系，持续优化外商投资准入前国民待遇加负面清单管理制度，强化法制保障，深入参与全球经济治理体系改革。唯有如此，才能在全球经济竞争中立于不败之地，达到经济的持续健康发展。同时，还应加强与其他国家的合作和交流，共同推动全球经济的繁荣与发展。建立更高水平的开放型经济新体制已成为世界各国共同追求的目标，实现这一目标，对制度型开放提出了更高的要求。

主动对接国际高标准市场规则体系，是建立更高水平的开放型经济新体制的关键。为顺应这一趋势，需要积极参考国外先进经验，完善国内市场规则，促进国内市场和国外市场接轨。这需要降低市场准入门槛，减少审批程序，增加政策透明度，为外商投资创造更为公平、透明、便捷的投资环境。同时，还需要加强与国际组织的协作，参与制定国际经贸投资新规则，以推动全球经济治理体系改革，为构建合作、公平、互利共赢的全球经贸投资新秩序，贡献中国智慧。

健全外商投资准入前国民待遇加负面清单管理制度是吸引外资的重要措施。通过逐步减少外资准入限制，提高外资进入便利性，可以为外商投资提供更加广阔的市场空间。同时，还必须加强对外商投资权益的保障，依法保障外商投资公司的合法权益，为外商投资公司创造更为稳定、透明、可预期的投资环境。这将有助于增强外商投资的信心，推动外商的投资流入，为中国的经济发展提供新的活力。

健全高水平开放法治保障是确保外商投资在法治轨道上健康发展的重要保障。为确保外商投资安全、维护市场秩序、保障国家技术安全，必须建立健全规范、规制和管理体系，并不断完善相关制度。具体而言，应加强外商投资安全审查、反垄断审查、国家技术安全清单管理以及不安全实体清单等制度的制定和实施，以确保外资的合法、合规和有序流动，维护国家经济安全和技术安全。通过建立健全法律体系，加强执法力度，提高司法公正性，可以为外商投资提供坚实法治保障，确保外商投资在法治轨道上健康发展。

建立更高水平的开放型经济新体制需要长期努力与坚持。应当展现出更为开放的态度，主动适应并接轨国际高标准市场规则体系，优化外商投资准入前的国民待遇以及负面清单管理制度。加强法制保障，积极参与全球经济治理体系的改革进程。唯有如此，才能在全球经济竞争中立于不败之地，达到经济的持续健康发展。同时，还应加强与其他国家的合作和交流，共同推动全球经济的繁荣与发展。

建立更高水平的开放型经济新体制，是一个长期而艰难的任务。为构建公平合理、合作共赢的国际经贸投资新规则，必须以更加开放的姿态，积极对接国际高标准市场规则体系，并加强法治保障。这将有助于促进中国经济持续健康发展，同时也为全球经济的繁荣与发展作出积极贡献。

新质生产力的形成，不仅仅是技术层面的革新，更是对生产关系的一次深刻调整。这种生产力的跃升，对体制、机制以及管理制度等方面的变革提出了新的要求，以适应新的生产力发展需求。深化体制改革，建立高标准市场体系，是新质生产力发展的基础。只有在一个公平、透明、规范的市场环境中，各种生产要素才能自由流动，实现最优配置。打通堵点卡点，创新生产要素配置方式，是新质生产力发展的关键。在新质生产力的推动下，传统的生产要素配置方式已经难以满足生产的需要。要打破固有的生产要素配置方式，推动要素向更高效、更绿色的方向流动。扩大高水平对外开放，营造良好的国际环境，是新质生产力发展的必要条件。随着全球化的深入发展，国际间的经济合作与竞争日益激烈。只有通过高水平的对外开放，积极参与全球经济的治理和合作，才能为我国新质生产力的发展赢得更大的空间。

总的来说，新质生产力的形成和发展，需要我们以深化体制改革为基础，以打通堵点卡点、创新生产要素配置方式为重点，以扩大高水平对外开放为动力，全面推动生产关系的变革，为新质生产力的进一步发展扫清障碍，营造良好的发展环境。只有这样，才能真正实现生产力的质的跃升，推动我国经济实现高质量发展。

第九章

挖潜新质生产力的
第一资源

千秋基业，人才为本。依靠人才，方能决胜未来。人才是第一资源，发展新质生产力，归根结底要靠人才实力，需要拥有高科技文化素质的领军人才、具备综合运用前沿技术能力的卓越工程师、熟练掌握新型生产工具的大国工匠。这就必须倾心育才、精准引才、真心爱才，完善创新型人才工作机制，优化急需型人才培养模式，营造鼓励创新的良好环境，为发展新质生产力汇聚形成强大的人才支撑力量，为我国经济高质量发展持续注入创新动力。

一、完善创新型人才
　　工作机制

人才创新活力能否发挥，关键在于体制机制保障。习近平总书记在主持二十届中共中央政治局第十一次集体学习时强调："要按照发展新质生产力要求，畅通教育、科技、人才的良性循环，完善人才培养、引进、使用、合理流动的工作机制。"[1] 这一重要指示彰显了教育、科技、人才在新质生产力形成和发展中的重要作用。

（一）畅通教育、科技、人才的良性循环

教育是基础，科技是支撑，人才是关键。国家发展靠科技，科技进步靠人才，人才培养靠教育，发展新质生产力最终靠人才。为此，要将发展科技第一生产力、培养人才第一资源、增强创新第一动力有机结合，一体化部署，形成支撑新质生产力发展的融通循环链条。

第一，坚持教育优先发展，夯实新质生产力发展根基。面向国

---

[1] 习近平：《发展新质生产力是推动高质量发展的内在要求和重要着力点》，《求是》2024年第 11 期。

家发展战略需要，以培养具备创新思维和创造能力的高素质人才队伍为方向，深化教育领域综合改革。注重以教育评价为牵引，瞄准建设高质量教育体系，大力推动优质教育资源均衡快速发展。加快推进教育数字化转型，不断开辟教育改革发展的新领域新赛道。以基础教育为基点、以高等教育为龙头、以职业教育为支撑，推进各层级各类型教育协同创新。将大数据、互联网、人工智能等现代技术手段与教育相融合，推进数字化、智能化、个性化教育，着力提升教育质量和效能。大力加强基础学科、交叉学科、新兴学科建设，推进科教深度融合发展，建设世界一流大学和优势学科。根据科技发展新趋势，优化高等学校学科设置、人才培养模式，健全中国特色教师教育体系，大力培养造就高素质专业化教师队伍，为发展新质生产力、推动高质量发展培养急需人才。

第二，完善科技创新体系，激发新质生产力发展动能。发展新质生产力，要义就在科技创新，在于技术的革命性突破。一要面向前沿系统布局。面向世界科技前沿、面向经济主战场、面向国家重大需求、面向人民生命健康，强化超前谋划、系统布局，不断向科学技术广度和深度发展新质生产力。构建涵盖基础研究、应用基础研究、技术攻关、成果转化和产业化全链条的国家科技创新体系，强化高校院所间优势学科分工合作，将原始创新、集成创新、开放创新一体设计，共建开放型、融合型协同创新机制，推动取得更多原创性、颠覆性的技术创新成果，实现高水平科技自立自强。二要打造科技创新平台。2021 年 5 月 28 日，习近平总书记在中国科学院第二十次院士大会、中国工程院第十五次院士大会、中国科协第十次全国代表大会上指出："加快构建龙头企业牵头、高校院所支撑、各创新主体相互协同的创新联合体，发展高效强大的共性技术供给体系，提高科技成果转移转化成效。"创新联合体是由龙头企业牵头，联合相关科研院所、高校、资本以及产业链上下游企业等共同组建的，创新联合体创建的前提是必须有高端创新人才的支撑。因此，必须坚持高起点，瞄准科学前沿和世界一流水平，紧密结合国家战略需求，树立"人才为先"的前瞻意识，突出"高精尖缺"人才导向，从龙头企业需求、科研队伍状况和高质量发展的实际出发，以创新联合体吸引汇聚勇于抢占科技发展制高点的优秀人才群体，实现具有战略意义的人才汇聚目标。三要促进创新成果转化。畅通科技成果转化渠道，建立一体化技术转移中心，及时将科技创新成果转化为现实生产力，推动科技创新与产业发展深度融合。聚合龙头企业、科研院所、金融机构、中介服务机构等各类创新主体，坚持创新导向，用好定向式、定制式、揭榜制等机制，超常规聚集资金、人才、技术、场地等要素，跨层级跨部门跨领域组织协调，贯通"汇聚人才—技术攻关—成果转化—产业孵化—产业培育"全链条，形成"人才—技术—市场—产品"的良性循环，推动高质量创新成果高效能转化。

第三，推进教育、科技、人才一体布局，形成新质生产力发展合力。加强对教育、科技、人才"三位一体"融合发展的前瞻性思考、全局性谋划、战略性布局，促进三者同向发力、同步推进、同频共振。

位于广东省东莞市的松山湖科学城是粤港澳大湾区综合性国家科学中心先行启动区，这里集聚了一批青年科研人才和世界一流大学、科研院所等。图为坐落在松山湖科学城的中国散裂中子源（CSNS）全景　中新图片 / 陈昆仑

统筹推进教育、科技、人才一体化综合改革，因时因地因需统筹配置资源，让教育、科技、人才相互辅助、有机统一，形成"一盘棋"抓落实的工作格局。发挥资金链对人才链的重要支撑作用，促进人才链与创新链产业链资金链深度融合。研究出台"全链条"财政支持政策，加强财政资金整合，提高使用效能，强化对重大关键技术攻关项目、重大创新平台、重要技术创新引导及产业化工程化项目等战略性保障支出。发挥政府产业基金杠杆效应，撬动更多社会资本投入教育、科技、人才领域。加快推进支撑教育、科技、人才一体化发展的法规制度配套建设，明确创新平台、创新主体、创新成果转化等方面的法律权利和责任义务，以法治力量为创新驱动高质量发展赋能，从而为推动新质生产力高质量发展提供强大动力。

（二）深化释放人才创新活力的体制机制改革

发展新质生产力，要牢牢抓住人才工作体制机制改革这个关键环节释放创新活力。2024 年《政府工作报告》提出，深入实施科教兴国战略，强化高质量发展的基础支撑。深化教育科技人才综合改革，为现代化建设提供强大动力。

第一，加强创新型人才政策体系顶层设计。加强高层次人才培养和引进体系化的顶层设计。研究制定促进创新型人才开发、人才评价、人才引进、人才使用等方面的法律制度。完善外国人才来中国工作、签证和居留等方面的管理和服务性法规政策。制定创新型人才服务保障制度，清理不合时宜的人才管理法律法规和政策性文件。出台系列配套政策，明确人才培养的目标、任务和举措，明确人才发展的方向、途径和办法，为高层次人才培养和引进工作提供全链条政策指引和全方位保障服务。针对重点行业、重要领域、新兴产业人才需求制定具体政策，形成完备的人才制度体系，为创新型人才的成长提供坚实的政策支撑。

第二，转变政府对创新型人才管理职能。根据国际国内形势科学预测新质生产力发展对人才的需求，强化政府人才宏观管理、政策法规制定、公共服务、监督保障等职能，制定切实可行的创新型人才发展规划，建立创新型人才发展与新质生产力发展相适应的机制，加快转变人才发展方式，对人才结构进行战略性调整，加强和优化创新型人才公共服务等，推动人才可持续发展。遵循经济规律和人才成长规律，积极稳妥地培育和健全创新型人才市场体系，从广度和深度上推进人才市场化改革，激发各类人才的创新活力和各类用人主体的用人活力。

第三，保障创新型人才使用主体自主权。推动人才管理部门简政放权，消除对创新型人才使用的过度干预。建立政府人才管理服务权力清单和责任清单，清理和规范人才培养、引进、评价、流动等环节中的行政管理事项，充分发挥企事业等用人主体在创新型人才培养、招录和使用中的主导作用，落实龙头企业、重点高校、科研院所等企事业单位和社会组织使用创新型人才的自主权。改进编制管理方式和岗位管理模式，着眼发展战略性新兴产业和未来产业人才需求，建立动态调整机制，落实高层次人才薪酬保障待遇，充分调动人才积极性。

第四，健全创新型人才公共服务体系。深化人才公共服务机构改革，配套完善相关政策，大力发展重点专业、重要行业、重要领域和新兴产业人才服务平台，鼓励发展高端人才"猎头"等专业化人才服务机构，提升人才引进、评价、使用、服务保障全链条工作质量。积极培育创新型人才专门服务机构，有序承接政府转移的人才培养、引进、评价、流动、激励、服务等职能。充分运用信息化和人才数据库等现代技术，为用人主体和人才提供高效便捷服务。

（三）完善全链条人才工作体系

全链条人才工作体系就是着眼人才"自主培养、精准引进、科学使用和合理流动"关键环节，形成"上下贯通、左右衔接、彼此互补"的完整人才工作体系。

第一，加强拔尖创新人才自主培养。习近平总书记在主持二十届中共中央政治局第五次集体学习时强调："进一步加强科学教育、工程教育，加强拔尖创新人才自主培养，为解决我国关键核心技术攻关提供人才支撑。"[1] 拔尖创新人才的自主培养，首先，要把正政治

---

[1]《加快建设教育强国 为中华民族伟大复兴提供有力支撑》，《人民日报》2023年5月30日。

方向。2018年5月2日，习近平总书记在北京大学师生座谈会上指出，古今中外，每个国家都是按照自己的政治要求来培养人的，世界一流大学都是在服务自己国家发展中成长起来的。我们在人才培养中要立足政治大局，加强党对教育工作的全面领导，努力从党和国家事业全局中思考与把握育人的政治使命。其次，要遵循人才成长规律。构建综合性、实践性、思维性、进阶式的科技拔尖创新人才培养体系。围绕人才应该具备的知识结构，加强综合课程建设，改革教育教学方式，聚焦前沿学科和跨学科专业组织教学内容，实施跨学科和跨领域培养，探究前沿科技开展实践教学，这是遵循人才成长规律和科技创新规律的务实之策。最后，要统筹强化工作合力。统筹选拔、培养、评价、使用等关键环节，发挥招生遴选政策的牵引作用，强化教育评价激励机制的"指挥棒"作用，把有天赋的学生"苗子"吸纳到重点学科专业中。加强青年科技人才的基础教育，打通高校不同学科、不同专业培养人才的壁垒，强化育人模式创新，完善跨学科、跨专业、跨领域甚至跨国界的学习科研机制，拓展科学研究的思维和视野。建立高校、企业、科研院所的联合育人机制，加强研产协作、科教融汇、产教融合，探索产学研一体化育人，不断完善创新链、产业链、人才链、政策链、资金链深度融合的拔尖创新人才培养模式。建立健全激励机制，鼓励科技人才参与国家重大科技项目和重点领域工程的研究工作，为他们提供充分的发展空间，营造良好的育人环境。

第二，精准全链条引进高层次人才。高层次人才引进是许多国家和地区，包括中国在内，为了推动科技创新、经济发展和社会进步而采取的重要策略。精准全链条引进掌握尖端科技的创新型人才，就是立足我国战略性新兴产业等重点发展领域和行业，构建发现人才、引进人才、投资人才、培养人才和服务人才的全链条人才工作模式。要制定明确的人才政策，包括高层次人才的识别界定、引进条件、待遇保障等，以吸引更多的优秀人才。建立高层次人才数据库，通过大数据技术对所需人才进行深挖，精准获取人才情况，为引进高层次人才提供可靠的依据。建立有效的引才渠道，通过各种渠道发布引才信息，如招聘网站、社交媒体、学术会议等，扩大引才范围。积极开展国际人才交流与合作，吸引海外优秀人才来华工作。构建有效的用才机制，建立和完善人才评价体系，确保人才评价的公正性和科学性。同时也要建立有效的激励机制，以激发人才的积极性和创造力，提高人才的工作满意度和忠诚度，从而集四海之气，借八方之力，聚天下英才而用之。

第三，鼓励人才区域双向合理流动。人才流动具有客观规律，要把握人才流动规律，加强人才区域双向流动规划统筹，引导人才区域合理流动、发挥所长。当前我国人才区域布局仍不均衡，协调发展格局有待形成。近年来，各类人才重点向一线城市和沿海发达地区集聚，中西部和东北地区人才外流严重。区域经济发展水平差异较大是导致人才区域布局不均衡的首要原因，产业结构及发展水平差异较大是导致人才区域布局不均衡的关键因素。为此，要制定科学规划，引导人才在各地区之间合理布局。规范人才流动秩序，加快完善人才区域流动宏观调控机制，加强人才在不同区域间流动竞争秩序的监管，注重人才区域合理流动有关规则和政策的衔接制定，把"政府引导"、"市场需求"和"企业激励"相结合，优化人才流动机制，努力提高人才的组织效率。优化中西部地区和东北地区战略性新兴产业布局，筹划未来产业，善于以事业留才，把人才嵌入事业发展平台中，与事业发展有机结合起来，增加其对人才的吸引力，以事业前景换取人才的职业忠诚度。推进各地优势互补，支持相对落后的中西部和东北地区充分发挥本地的资源优势，因地制宜布局产业，吸引优秀人才，形成区域特色人才竞争力。鼓励相对落后地区利用数字化和智能化等新技术，加快推进产业转型升级，打造特色产业链，提高对各类人才的吸引力和承载能力，促进人才跨区域合理流动。

二、优化急需型人才
　　培养模式

发展新质生产力，优化急需型人才培养模式是必然选择。必须统筹产业发展和人才培养长远规划，按发展急需加快培育重点行业、重要领域、战略性新兴产业人才。以发展需求为导向建立高校学科动态调整机制，以重点急需为导向加快培育战略性新兴产业人才，以创新创业为导向完善产学研用协同育人模式。

（一）以发展需求为导向，建立高校学科动态调整机制

第一，健全基于人才需求预测的学科专业调整机制。围绕战略性新兴产业和未来产业，建立人才需求预测机制，健全急需人才统计分析与发布制度，依据大数据分析评估，及时公布紧缺学科专业名录，为高校学科专业设置和动态调整提供依据。面向重点战略急需行业和领域，加快布局支撑关键核心技术创新突破的学科专业，解决"卡脖子"等科技短板弱项难题。围绕培育壮大新兴产业、改造提升传统优势产业、积极筹划发展未来产业，分类分层次引导高校优先设置重大民生急需、填补空白点的学科专业，规划战略性新兴产业育人学科，前瞻布局未来产业所需学科设置，实现人才先行

培养。坚持联合培养人才理念，实施开放办学模式，与龙头企业、科研院所、产业联合体等合作联办一批新型学科专业。深化应用型学科与行业产业精准对接联动，提升专业学位建设的前沿性和应用性。引导高校优先重点开设新一代信息技术、先进制造业、新能源、人工智能等新兴学科专业。支持科研院所与各类企业深度参与学科专业建设和人才培养，构建"政企校"深度融合的协同育人机制。通过创新型人才联合培养、实践平台合力开发、重点科研项目联合攻关等方式，推动高校动态调整学科专业，改革教育教学模式，提升学科专业设置的科学性和精准性，实现高质量培育人才。

第二，健全精准匹配产业核心技术的学科专业研究机制。以服务国家经济发展为使命，及时调整学科研究方向，瞄准产业技术难题，攻克关键核心技术，升级改造传统产业、巩固创新优势产业、发展壮大战略性新兴产业、前瞻布局未来产业，为全产业链提供安全可靠的科技人才支撑。围绕前瞻性、颠覆性技术进行基础理论研究，为新材料、生物医药、节能环保等未来产业发展提供创新原动力。探索建立新型举校体制，建立面向重点产业集群的"现代产业学院"，打破院系和学科壁垒，构建"空间联通、队伍互通、评价融通、研究贯通"的研究模式，开展有组织的科技创新。加大校企合作力度，推动政产学研用深度融合，大力推进集技术研发、落地转化、生产制造等功能为一体的"产业技术创新中心""新型研发机构"建设。进一步优化科技成果转化制度，打通基础研究、应用研究、成果转化到产业生产的全部链条，实现政府主导、高校引领、企业支撑、社会参与的"科技创新内循环"。

第三,健全新兴交叉学科发展引导机制。制定新兴交叉学科建设培育规划,完善相关配套政策,积极探索学科交叉融合发展新模式。打破育人壁垒,以战略性新兴产业和未来产业领域专业为主体,以相关学科专业为支撑,着力布局培育一批新兴交叉学科。推进"X+学科群"建设模式,构建战略性新兴产业和未来产业领域人才培养体系和科技创新体系,促进新兴学科创新发展。大力推进基础研究学科与应用研究学科、自然科学与人文社会科学的交叉融合,多学科融合创新,在前沿和交叉学科领域培植新的学科增长点。以战略性新兴学科精准引领产业转型升级。引育优秀学科领军人才,主动谋划布局新能源、储能科学、碳中和等战略性新兴学科,探索成立未来技术学院,培养"专、精、特、新"的研究型人才。

(二)以重点急需为导向,加快培育新兴产业人才

第一,制定专项计划,加大培养培育力度。加强对新兴产业人才供给需求的预测,结合科技创新发展和产业结构变革趋势,制定新兴产业人才专项培养计划。将新兴产业领域人才作为人才培养培育重点,支持其成长成才。建立新兴产业人才培育信息库,摸清掌握人才及培育重点对象基本情况,有针对性地做好培养及队伍建设工作。强化企业主体责任,依托企业培训中心、实训基地、工匠学院、大师工作室和人才创新工作室等平台,通过岗位培训、校企联

合培养、关键岗位实践、重点项目参与等方式，培养适应产业发展和国家战略需要的新型人才。支持企业联合教育科研机构，通过合作培养、项目协作等方式，帮助新兴人才及培育重点对象提高技术研发水平，提高人才的综合素质、技能水平和实践创新能力。2024年4月2日，人力资源和社会保障部等9部门联合发布了《加快数字人才培育支撑数字经济发展行动方案（2024—2026年）》，旨在发挥数字人才支撑数字经济的基础性作用，为高质量发展赋能蓄力。该方案提出，要紧贴数字产业化和产业数字化发展需要，通过数字技术工程师培育项目、数字技能提升行动、数字人才国际交流活动、数字人才创新创业行动、数字人才赋能产业发展行动、数字职业技术技能竞赛活动6个重点项目，用3年左右时间增加数字人才有效供给，形成数字人才集聚效应。这是在深刻洞察数字经济发展趋势的基础上，对我国数字人才培育目标和方向提出的可行路径。

第二，畅通晋升通道，完善稳才留才机制。支持企业健全新兴产业人才岗位等级设置，在设有高级职务职称的前提下增设特级和首席职务职称，推进特级和首席职务职称评聘工作。对解决新兴产业重大技术难题的创新成果获得省部级以上奖项的新兴产业人才，可破格评任或晋升职务等级。支持理论水平高、创新能力强的高技能人才参加相应专业技术职称评审。引导企业建立健全基于技术价值、创新能力和实绩贡献的新兴产业人才薪酬分配制度，实现劳动、技术、管理等生产要素参与收入分配。保护新兴产业人才知识产权和技术创新成果转化权益。对在技术革新或颠覆性技术研发中作出

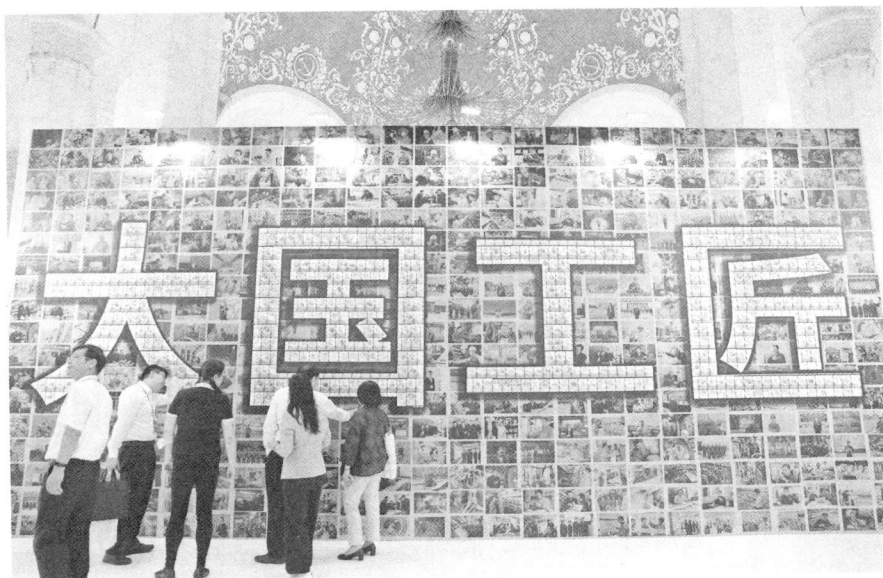

2023 年 7 月 28 日，以"匠心筑梦，技能报国"为主题的第二届大国工匠创新交流大会暨大国工匠论坛在北京开幕　中新图片 / 赵隽

突出贡献的新兴产业领军人才，鼓励企业自主制定激励人才制度，从人才科研攻关成果转化所得收益中给予物质奖励，以股权等多种形式留住人才。鼓励企业对关键技术岗位新兴产业领军人才实行年薪制、协议工资制、项目工资制，结合实际实行特岗特酬，营造鼓励新兴产业人才创新良好氛围。

第三，加强平台建设，选拔表彰领军人才。优先支持参与国家新兴重大战略、重大工程、重大项目、重点产业的领军人才领衔创建大师工作室、劳模和工匠人才创新工作室，聚焦新兴制造业、战略性新兴产业、数字技能等领域开展技术革新、技能攻关和人才培养工作，符合条件的按规定给予经费支持。鼓励各地打造人才港、工匠城等平台，组织新兴产业领军人才开展文化传播活动，面向公众和青少年加强技能知识传播和文化培育。加大省部级以上表彰奖项和省级以上政府特殊津贴向新兴产业领军人才支持力度，积极推荐优秀新兴产业领军人才申报参评全国劳动模范和先进工作者、中华技能大奖、全国技术能手、全国五一劳动奖章、国家科学技术进步奖、全国职工优秀技术创新成果等，营造尊崇领军人才的良好氛围。

（三）以创新创业为导向，完善政校企协同育人模式

第一，开辟协同育人新路。开辟政府、高校、企业等合作育人新途径。在"政—校—企"的协同育人模式结构中，高校是提供知

识与技术的人才培养高地，企业是为了满足社会需求而提供相应产品的生产基地，政府是政策牵引维持高校和企业两者有机联系的重要枢纽。"政—校—企"的协同育人模式没有地位的高与低，而是更侧重于政府、学校、企业三者之间的有机合作，将为国家和社会创造更多价值作为目标，增进三方之间相互联系和相互促进，以此来推动协同育人的发展。因此，为了深化联合育人模式的创新，"政—校—企"多元合作需要以多种联合形态进行呈现，因而要善于根据创新创业人才需求作出育人模式的转化，推动"政—校—企"的协同育人模式的结构优化和功能优化。高校通过和企业相互协作，利用企业技术和经营理念来推动高校学生创新创业能力提升；高校与众多企业和政府建立合作关系，邀请政企专家进入高校专业指导委员会，共同进行专业建设和人才培养，形成具有鲜明特色的"政—校—企"的协同育人模式。

第二，搭建协同育人平台。建成"政、校、企"联合育人实训平台，打造科教融汇的实践育人模式。政府加大引导力度，以企业人才需求为主导，依托企业开设联合班，在培训和实践的基础上，鼓励青年人才参与产学研项目，推动产学研用的紧密结合，培养青年人才创新创业意识，鼓励青年人才大胆实践，根据优势互补形成团队，将创新成果引导孵化到生产实践中。高校整合科研资源，依托校内外科研基地和重大项目，将服务国家重大战略需求和解决"卡脖子"关键技术的"科研命题"作为"育人选题"，在高水平科研实践中开展有组织的人才培养。组织由院士、学科带头人、企业高级专家等构成的创新团队，推动人才参加科研创新训练，在科研实践中提供"实网、实采、实操、实战、实检"的训练平台，强化原始创新能力，培养出能够担纲领衔重大工程的拔尖创新人才。

第三，建立协同育人机制。建立有效的机制应该从组织保障、制度保障、经费保障、师资保障等方面入手。多方协同育人的实施，离不开政府、高校和企业的支持和保障。可成立专门的创新创业组织，负责统筹规划、协调推进育人机制建设，形成创新创业工作的良好格局。为了确保育人的成效，政府调动多方参与教育改革的积极性，实现资源有效共享。鼓励有一定实力的高校在校内自行打造科技含量高、创新能力强的实训中心，而经济实力不足的高校可与其他高校、企业、行业签订联合协议，实现协同共育。协同育人机制能够有效推动各方资源的整合共享，推动青年人才由理论学习到生产实践的有机衔接，更有利于应用型人才的培养，为多方联合育人项目的成功提供制度保障和支撑。

三、营造鼓励创新的
　　良好环境

　　环境作为影响人才集聚的关键因素，关乎吸引力、凝聚力、竞争力和创新活力。2013年10月21日，习近平总书记在欧美同学会成立100周年庆祝大会上强调："环境好，则人才聚、事业兴；环境不好，则人才散、事业衰。"推动新质生产力提升，必须把营造良好的人才生态环境摆在更加突出的位置，增强对国内外科技创新人才的长效吸引力，推动人才生态环境现代化，扩大人才对外开放，促进人才链与创新链产业链资金链深度融合，从而为各类人才释放创新动能提供沃土。

（一）增强对国内外科技创新人才的长效吸引力

　　发展新质生产力，要研究创新型人才发展新特点、人才群体新形态、人才流动新趋势，准确把握人才价值追求、利益诉求、心理需求，基于战略导向、目标导向、问题导向，强化人才本位、专业本位，全方位提升对创新人才的长效吸引力。

　　第一，实施更加开放和积极有效的人才政策。党的二十大将人才工作重要性提升到了新高度，强调要"实施更加积极、更加开放、更加有效的人才政策"。对此，增强对国内外科技创新人才的长效吸引力，让留学生等国际人才"能回来""能用好""能留住"，吸引更多国际顶尖人才来华发展，需要加快推进人才发展体制机制改革，构建具有全球竞争力的人才政策体系，从而充分释放人才发展活力，真正实现聚天下英才而用之。可借鉴一些国际经验，完善实施更有成效的人才交流合作政策，储备培养顶尖科技人才。例如，德国洪堡基金会、英国罗德奖学金计划等，作为发达国家吸引和培养全球高端人才的国际平台，为国家崛起和科技进步起到了极为重要的支撑作用。可开通海外直接申请"中国绿卡"的渠道，建立更有国际竞争力的人才吸引政策。制定鼓励政策引导华人科学家回流，为其申请长期居留和永久居留提供便利，使中国从世界最大人才流出国转变为最大人才回流国。对标对表人才领域的国际通行规则，遵循国际惯例实施国际人才招募，遵守国际人才流动法律法规，开放国际（跨境）职业资格的互认，推动国际合作，推出国际认可的执业资格证书，放宽境外人才参加全国职业资格考试的限制，出台先进制造、生产性服务业、数字经济、生物医药等领域的境外职业资格认可清单，以职业资格的全球互认推动国际人才向中国流动。

第二，打造世界重要人才中心和创新高地。当前，新一轮科技革命的孕育发展使世界科学技术格局处于大变革之中，拥有超过60%世界人口的亚洲极有可能接棒北美，成为新的世界科学中心。而中国能否接棒、能否引领未来发展关键在于科技创新人才。目前，我国关键核心技术长期受制于人，创造新产业、引领未来发展的科技储备和

重庆市坚持人才强市首位战略，聚焦打造数智科技、生命健康、新材料、绿色低碳四大科创高地和"33618"现代制造业集群体系，把建设战略人才力量作为重中之重，全方位培养、引进、用好人才，加快建设西部人才中心和创新高地。图为 2023 年 12 月 16 日开幕的重庆国际人才交流大会现场　中新图片／何蓬磊

人才储备还不够，吸引国际科技人才是我国发展新质生产力的迫切需求。加快建设世界重要人才中心和创新高地，需要进行战略筹划。聚焦国家重大战略布局、区域协调发展布局和建设现代化产业体系布局，在经济发展重点区域建设科技创新人才高地，探索创建国际人才港、国际人才中心，建设吸引和集聚人才的平台。开展人才发展体制机制综合改革创新，集中国家优质资源重点支持建设一批国家实验室和新型研发中心，发起国际大科学计划，为人才提供国际一流的创新平台。中国留学人才发展基金会作为服务人才发展工作的社会组织，通过国际人才港品牌项目、协同创新研究院平台等，在服务留学人才发展和国际协同创新方面进行了多维度探索。

第三，创新吸纳国际人才资源的优势平台。坚持聚天下英才而用之，这是做好人才工作的基本要求。随着发展新质生产力对大国竞争的影响力进一步上升，顶尖人才、领军人才和创新人才成为大国角力的关键力量。近年来，我国深入实施创新驱动发展战略，走出了一条从人才强、科技强，到产业强、经济强、国家强的发展道路，一支规模宏大、素质优良、梯次合理、作用突出的人才队伍不断发展壮大。当前，我国人才资源总量达 2.2 亿人，是全球规模最宏大、门类最齐全的人才资源大国。① 随着人才体制机制深化改革及国际人才创新创业环境更加开放平等，我国对国际人才的吸引力持

---

① 参见赵成：《知识就是力量　人才就是未来——代表委员谈加快建设人才强国》，《人民日报》2024 年 3 月 2 日。

续增强。统计数据显示，2021年回国创新创业的留学人员首次超过100万名[①]，这两年一直保持增长趋势。中国已进入"海归"时代，"海归"回流呈平稳增长态势，将在创新创业、技术突破等方面发挥更大作用。中国发展需要世界人才的参与，中国发展也为世界人才提供机遇。必须以与国际接轨的服务环境留用全球人才，强化人才服务保障，大力营造国际化人才社区，鼓励各地建设如上海推出的"海外人才一站式服务平台"，通过整合各类政策信息、集成各类服务资源，为海外人才及家属提供出入境、就业创业、安居发展的全方位服务，切实打造集聚全球人才、留住全球人才、让全球人才迸发创新活力的开放生态。

（二）推进人才生态环境现代化

第一，把握高质量的导向，优化人才评价生态。习近平总书记在参加十四届全国人大二次会议江苏代表团审议时指出："要牢牢把握高质量发展这个首要任务，因地制宜发展新质生产力。"[②]对于人才评价来说，关键在于"质量"而非"数量"，就是要树立高质量、大贡献、有影响力的新型人才评价导向。更加注重科研成果的质量内涵，着重强调成果的原创性。更加注重科研成果对新质生产力的推

---

① 参见杨舒：《二〇二一年回国创新创业留学人员首超百万》，《光明日报》2022年5月29日。
②《因地制宜发展新质生产力》，《人民日报》2024年3月6日。

动作用，重视其在促进生产、推动发展、优化产业等方面的现实效用。更加注重衡量创新成果的影响力。探索完善分类评价办法，对基础研究人才重点考察创新研究能力和潜力，对应用研究人才重点考察研究的应用价值，对成果转化人才重点考察转化的经济社会效益，对条件保障人才重点考察服务能力和水平等，从而营造精准评价人才的生态环境。

第二，搭设成长成才的平台，优化人才创新生态。面对科技发展新趋势，应积极探索顺应战略性新兴产业和未来产业发展需求、面向基础研究和特定产业领域的"新型大学"建设，加快搭建"小而精""小而特"的产业创新人才培养和科学研究平台，以产业需求和创新发展为导向，发起基础研究和相关技术创新领域的高水平国际学术会议，打造以科学家大会、人工智能大会等为代表的高端会议体系，支持国际顶尖人才、创新人才牵头承担国家重大科技专项和重点研发项目，引入社会创新资本，加强对具有突出贡献创新人才的奖励扶持，为人才提供更多创新平台。

第三，营造真心爱才的氛围，优化人才发展生态。"栽下梧桐树，引得凤凰来。"人才生存和发展的环境，对人才的成长至关重要。对待急需紧缺的特殊人才，要有特殊政策。建立人才发展机制，营造鼓励大胆创新、勇于创新、包容创新的良好氛围。健全人才激励机制，通过完善薪酬制度、设立奖励基金、提供晋升机会等措施，激发劳动、知识、技术、管理、资本和数据等生产要素活力，更好体现知识、技术、人才的市场价值，提升人才的创新热情和创造活力。

加强知识产权保护力度，保障人才创新成果的合法权益，为人才创新发展提供坚实的法律保障，从而培养出大批科学家、工程师、大国工匠和能工巧匠。

第四，提供精准保障的生活，优化人才服务生态。紧盯人才最为关心的生活保障诉求，高标准提升人才服务层次，及时成立更多面向人才的专业化服务公司，更精准解决人才在安居住房、子女教育、父母养老等方面的现实困扰，最大程度帮助他们消除生活上的后顾之忧，让人才安心、安身、安业。优化人才服务保障体系，推进人才服务"单一窗口"，整合梳理人才服务事项，提供人才引进落户条件、办理标准等，积极开展"送政策、送服务"上门活动，打通人才服务"最后一公里"。围绕重点领域、重点产业、重大项目发展需要，建立领导干部联系专家人才"直通平台"，形成联系人才、关心人才的工作格局，切实增强专家人才的荣誉感、获得感，营造爱才敬才、引才聚才、用才成才的浓厚氛围。

（三）扩大人才对外开放

日趋激烈的全球人才竞争、部分国家对我国实施的技术和人才壁垒，给我国引才聚才造成很大的挑战。人才对外开放是应对一些国家对我国科技和人才遏制的唯一选择。2014年5月22日，习近平总书记在上海同外国专家座谈时指出："一个国家对外开放，必须首先推进人的对外开放，特别是人才的对外开放。"我们唯有实行更加积极、更加开放、更加有效的人才政策，用好全球创新资源，形成具有国际竞争力的人才制度体系，才能在全球人才竞争中立于不败之地。

第一，构筑科研创新高地，引进全球优秀人才。当前各国纷纷出台引进全球顶尖人才的措施。比如，英国继"全球杰出英才签证"后又出台了"高潜力人才签证"，吸引全球一流高校毕业生赴英工作；美国重拳出击争夺全球 STEM（科学、技术、工程和数学）领域人才，进一步巩固其经济和科学技术竞争优势。当前，全球有 6000 多万华侨华人、600 多万中国留学生、7000 多万学习汉语的外籍人士及众多新兴领域国际杰出人才等，这是我国引进全球优秀人才的最大优势。因此，必须积极推进人才对外开放，注重依托大平台，汇集大团队、承接大项目、培育重大科技成果，打造吸引人才的"倍增器"。建立全球高精尖人才数据库，将数字化手段运用于精准引进人才，在人才集聚地建立"孵化平台"揽聚国际人才。建立用人单位与全球人才沟通机制，精准对接高等院校、科研单位、高新技术企业等引才需求，引进海外战略科学家，使更多全球智慧资源、创新要素为我所用，提升国际影响力。注重发挥国内科研机构、龙头企业在国际人才市场中的作用，设立专项资金支持引进国际人才。

第二，加强高水平国际科技合作联合使用人才。构建全球科技合作格局，通过大科研平台的大科学计划和其他立项科技计划柔性引进国际顶尖科研人才。建立跨国科学家联合攻关机制，发起构建全球科创协作网络，推动国际多边科技合作。加强与国际人才中介机构合作，鼓励国内企业建立国际化职业社交平台，增进对国际人才数据掌握的主动权。扩展国际科技合作渠道，关注发达国家和地区的优势领域，扩大合作空间。鼓励企业、投资公司和社会力量与政府联合设立科学基金、科研奖项，吸引全球顶尖人才进行关键核心技术联合攻关。鼓励国内企业基于自身需求和产业特点，通过对外设立实验室、研发机构或组建产业联盟等方式，深度参与国际科技合作、产业合作、项目合作，实现柔性引才和联合用才。

第三，推动高等教育国际化引育全球人才。高校是教育、科技、人才三大强国战略的重要交汇点，高等教育既承载了人才培养的功能，也发挥着集聚人才、培养人才的作用。当前，应积极参与全球教育治理，提升我国高等教育竞争力和影响力，以教育国际化引育全球人才为我所用。做强"留学中国"品牌，充分利用中外合作办学契机，大力发展来华留学工作，实施更加积极、开放、有效的留学政策和人才政策，引进国际学者。将国外多元课程与国内优质教育资源相结合，提升中国高等教育的国际影响力，增强对高水平留学生吸引力。完善优秀留学生创新创业、永久居留等政策，支持用人单位对在华留学生人才充分利用，最大限度鼓励优秀留学生毕业后进入中国人才市场。坚持"走出去"办学，有序推进中国高校的海外分校建设，为国内高校学生提供接触跨文化与国际性事物的机会。深入开展与世界知名大学的交流与合作，积极开拓优质教育资源合作渠道，为学生联合培养、专家访学、学者国际合作等拓展空间，提高我国高等教育对国际一流人才的承载力和吸引力。

后 记

2024 年 3 月全国"两会"期间,"新质生产力"成为热词。作为实现产业转型升级和高质量发展的关键,加快培育新质生产力正迎来中央到地方的密集部署。为了深刻理解和准确把握新质生产力重要论述,我们编写了本书。本书主编为刘军民,副主编为周士跃、旷文斌、赵建民、王盛华。

本书各章撰稿人依次为:第一至第三章周士跃,第四章旷文斌,第五章王盛华,第六章、第九章刘军民,第七章旷文斌,第八章赵建民。刘军民对全书进行了统编、修改和定稿。

在本书撰写过程中,我们参考了诸多领导、专家、学者的文章及学术成果,在此深表感谢!由于水平有限,不当之处恳望读者不吝指正。

编 者